NOTIONS

DE

PHILOSOPHIE NATURELLE.

PARIS. — IMPRIMERIE DE JULES DIDOT L'AINÉ,
4, BOULEVART D'ENFER.

NOTIONS

SYNTHÉTIQUES, HISTORIQUES ET PHYSIOLOGIQUES

DE

PHILOSOPHIE NATURELLE,

PAR M.

GEOFFROY SAINT-HILAIRE.

La Science est une, et vous l'avez partagée!!!

PARIS.

DÉNAIN, LIBRAIRE-ÉDITEUR,

RUE DES SAINTS-PÈRES, 26.

—

1838.

SALUT D'ADMIRATION

A cette autre face du génie de Napoléon Bonaparte,

A sa mémorable méditation

LE MONDE DES DÉTAILS;

Conception de l'adolescence de ce philosophe,
penseur sur les sciences dès l'âge de quinze ans.

G. S. H.,

l'un des soldats lettrés de l'expédition militaire
et scientifique en Égypte, dans les dernières
années du 18ᵉ siècle.

AVANT-PROPOS.

Écrivant ces notions de philosophie naturelle, me se-
rai-je mépris et aurai-je quitté la ligne de mes travaux
habituels, en m'aventurant dans des hypothèses d'astro-
nomie. On l'a dit : on m'a calomnié.

Naturaliste, du genre de ces penseurs persévérants et
que Saint-Augustin nomme homo unius libri, *j'avais*
conçu ce système : La matière parvenue à son dernier
degré de ténuité jouit d'une activité propre, chaque mo-
lécule attirant sa semblable.

Là serait l'essentielle raison de mon principe , unité
de composition organique; là se trouve la cause de mes
soins d'invention, de généralisation, et de mes convic-
tions philosophiques. Une fois saisi de la pensée qu'à
l'origine des choses sont des points, substance et action,
d'essence une et douée de cette activité, j'envisageai la
nature agissant dans le cercle de ses faits nécessaires,
selon des lois immuables.

Dans d'autres considérations, dans celle de noyaux
déja produits, puis successivement agglomérés, sont d'au-
tres causes engendrant l'infinie diversité de l'univers.

J'explique par là comment je me suis porté sur l'exa-
men de ma préoccupation, que la terre, en tant que
formée de parties diverses et successivement agglomé-
rées, n'est, dans son essence, à considérer que comme un
tuf recevant du dehors les principes de vie répandus dans
son écorce et à sa surface.

L'Impératrice de Russie, usant de flatterie pour Buffon, félicite ce grand homme d'avoir laissé bien loin derrière lui l'illustre Newton, par sa découverte d'un second principe, celui de l'impulsion ; et Buffon de lui répondre, en lui adressant ses œuvres et son fils et ces paroles: « Votre lettre dénote un goût exquis et un savoir profond touchant les admirables mystères de l'univers. »

« Non, non! s'écrie un enfant de quinze ans, qui intervient plus tard, et qui s'impose dans des discussions aussi solennelles ; non certes!... »

Mais cet enfant, c'est le génie naissant de Napoléon.

Il conteste à Newton l'utilité absolue et la grandeur de sa découverte, l'attraction: c'est un sujet restreint qui n'a d'application qu'à l'astronomie; car c'est sur un principe de mathématique transcendante que repose seulement la rigoureuse démonstration du Système du monde, belle et noble conquête de l'esprit humain. Cette pensée n'est donc, en définitive, que la spéculation, admirable, il est vrai, d'une science spéciale.

Newton avait laissé sans documents ni explication les immenses détails de la terre; et par conséquent le caractère de l'universalité manquait à son principe. LE MONDE DES DÉTAILS restait donc à découvrir. Voilà l'objection de Napoléon adolescent; d'autres destinées l'appelèrent ailleurs.

Ces détails seraient-ils accessibles aux facultés d'une physique inconnue, qui sait? révélés par une physique céleste? Essayons quelques recherches à leur égard.

INTRODUCTION.

LE MONDE DES DÉTAILS.

§ I.

PROLÉGOMÈNES.

J'ai placé ce titre : *Monde des détails*, dans la Dédicace qui précède ; j'en vais donner le motif, la signification. Effectivement, que doit-on entendre par ce terme inusité ? Quel sens y faut-il attacher ?

Cette formule fut une conception de l'adolescence de Napoléon Bonaparte, la pensée de toute sa vie, ce dont il avait fait

1

le programme d'un puissant sujet de recherches. Ainsi, dès sa première médita-tion sur la nature, il en était venu à se persuader que le champ des grandes dé-couvertes serait acquis à celui qui s'occu-perait d'étudier, conformément à la *théorie des faits nécessaires*, les particules mi-nimes de l'univers. En procédant ainsi par intuition, cet avenir de pressentimens dans lesquels il se complaisait avec ivresse se réalisera-t-il? ces anticipations du génie dont se flattent les ames fortes, récom-penseront-elles sa foi fervente dans les vues de la Providence à son sujet? Il avi-sera suivant les temps et les lieux ; mais, du moins, c'est déjà pour Napoléon Bona-parte un problème posé. Et comme il croit à la force de son esprit, qui a déjà fourni à d'aussi hautes inspirations, et à sa puis-sance de combinaisons et de volonté, il se prépare pour ce dessein formé.

Telle est spécialement la vocation philo-sophique à laquelle j'ai souhaité rendre hommage dans ma Dédicace. Cette conception du *Monde des détails* porte effectivement à penser que la merveilleuse organisation de Napoléon l'eût appelé aux destinées du premier philosophe de notre âge, sans l'action des événemens qui vinrent donner un autre cours à ces prémices de son génie.

Napoléon céda aux prescriptions de la nécessité : un malaise social réclamait d'urgentes mesures, et la Providence disposa de ce grand homme pour faire cesser et remettre à flot l'orageuse condition de l'humanité.

Aujourd'hui que l'œuvre de cette réforme est accomplie, la postérité, s'il n'y avait pas d'autres souvenirs différens, n'aurait de voix que pour célébrer en Napoléon, d'une part, ses qualités héroïques comme grand capitaine, et de l'autre, sa puissante, glorieuse et providentielle intervention comme législateur. Or, l'éclat de sa vie, vouée au redressement et à une

nouvelle instauration des associations politiques, le recommande suffisamment sous
ces rapports.

Cependant s'arrêter là, ce serait laisser
dans l'ombre l'un des traits les plus éclatans, l'une des faces de la plus grande figure
de notre époque. Napoléon, à l'âge de
quinze ans, se crut appelé et s'apprêta à découvrir la grande énigme de la raison des
choses dans l'univers. Voilà ce qu'il eût fait,
ou du moins ce qu'il eût entrepris de faire,
s'il n'en eût été empêché par les soins qu'il
donna à l'administration publique.

L'un des soldats lettrés que Napoléon
avait emmenés avec lui en Égypte, je fus
ainsi mis à portée de recueillir quelques
documens à ce sujet. Le récit que j'en vais
tracer a, de plus, l'intérêt pour moi de
fournir un exorde naturel aux présentes
notions de philosophie.

Cependant gardons-nous d'attribuer à
la présomption et à la fougue d'un âge
sans expérience cette grande conception ,

le *Monde des détails ;* et pour cela, essayons de reprendre les choses de plus haut.

Le monde, ses parties, ses nombreux *détails*, qui constituent l'éblouissant spectacle, le magnifique ensemble de l'univers, et qui nous donnent l'idée de merveilles incommensurables, incompréhensibles, de tant de sujets d'admiration que notre raison en demeure confondue, pourraient nous émouvoir bien plutôt pour n'avoir point encore été remarqués avec discernement, qu'en vertu des difficultés absolues que ces détails opposent à notre perception. On se laisse peut-être trop effrayer d'avance, pour n'avoir pas assez réfléchi que là il n'est rien que d'observable, de saisissable, du moins par les facultés de l'esprit. D'aussi larges pensées demandent de la résolution; et au contraire la société abonde en esprits obtus ou timides, ou même quelquefois par trop habiles en leur dissimulation. L'on ne se hasarde qu'avec circonspection; car il est plus facile de se composer un domaine à part de faits prétendus mystérieux dont on dit que la nature s'est pour l'éternité réservé le secret: ce qu'alors il convient de placer avec respect sous la garde des mœurs et de la piété. De tels physiciens ne savent point absoudre même un Herschel de la hardiesse de ses idées sur la composition de l'univers.

Cependant qu'un Napoléon soit, et qu'il conçoive, agissant sous l'inspiration des lumières d'un génie inventif, qu'il ne saurait exister dans les immenses détails des choses que des obscurités faute d'études suivies, mais n'entraînant point fondamentalement d'impossibilité radicale; dès-lors l'humanité se trouve appelée dans des voies jusque-là inusitées, et décidément ouvertes avec bonheur à l'investigation de ce *qui est*, à des investigations à poursuivre par conséquent dans des directions où arriverait

beaucoup plus de clairvoyance que pré-
cédemment.

Doit-on sans cesse, indéfiniment, douter
de l'avenir ? Agir ainsi, c'est vraiment mé-
connaître la loi de l'humanité, ce que
renferme de promesses notre perfectibi-
lité indéfinie, ce trésor de futures destinées que la philosophie nous enseigne à
croire inépuisable.

Pour s'en convaincre, il suffit de ramener sa pensée sur ce qui fut d'abord ; car
alors que de révélations seraient données
par l'histoire des temps passés ! Ce sont
autant d'événemens qui se sont successivement modifiés sous la raison du progrès : et cette marche s'interromprait
tout-à-coup !

Non, certes ; l'espèce humaine parcourant les phases de sa civilisation, et se trou-
vant constamment inspirée et fortifiée par
la plénitude de sa pensée, ne pouvait d'âge
en âge et ne devait toujours de plus en plus
que pénétrer et mieux seconder les des-

seins de Dieu dans l'administration de toutes les choses disséminées à la surface de la
terre. Comment douter qu'à son heure venue pour le déploiement progressif de la
pensée, heure que l'on peut dès ce moment
dire marquée providentiellement dans la
série des siècles; comment douter, dis-je,
que l'humanité ne soit, en dernière analyse,
récompensée de ses constans efforts, et ne
s'éclaire enfin par l'intuition et la perception d'une vue unitaire, dont le résultat
sera de rallier à elle et d'embrasser syn-
thétiquement tous les rameaux de l'arbre
de la science, rameaux jusque-là épars et
dans une condition d'incohérence ? Sans
doute c'est le propre de l'ignorance de
s'effrayer de cet état de choses et de se
lasser bientôt à la recherche des rapports.
Mais ce n'est là qu'une affaire de temps ;
et l'avenir reste néanmoins et toujours
acquis au courage et à l'insatiable curiosité de l'homme.

Dans quelle voie de recherches infinies Napoléon entreprenait-il, dans son adolescence, d'entraîner l'esprit humain, dès qu'il eut formulé sa pensée du *Monde des détails ?* C'était d'abord évidemment en se promettant de rester fidèle au sentiment synthétique dont il était pénétré, principe de la concentration des faits, sans lequel l'on ne saurait parvenir à aucune systématisation philosophique.

C'était encore s'engager dans une étude composée du caractère de l'observateur et du caractère de la chose observée. Car il ne suffit point, pour savoir entièrement, de passer d'un fait connu à la recherche d'un suivant, son conséquent. Sans doute cette marche est prescrite : mais elle ne comporte d'efficacité qu'autant que l'humanité poursuivrait pour son compte son propre développement dans l'ordre du progrès continu. Les deux opérations sont de concert soumises aux mêmes allures, soit les choses du monde ambiant, soit celles de l'humanité, qui est l'une des récentes créations sur la terre. Les deux phases de développement sont dans des rapports et dans un service simultanés ; de telle sorte que la réaction et l'enseignement que des deux parts elles s'apportent, restent réciproquement sous la même conduite, venant à s'amplifier ensemble et sans cesse.

Mais gardons-nous de nous commettre davantage dans ces abstractions, et cherchons au contraire à éclairer le sujet de cette Introduction en insistant de préférence sur les détails biographiques suivans.

§ II.

CONSIDÉRATIONS HISTORIQUES.

Napoléon, encore bien jeune, partagea le pressentiment des hautes classes de la société d'avant la révolution : il crut aussi qu'un changement notable allait s'opérer dans les relations sociales de la France. Chacun s'y attendait comme à l'inévitable résultat des acquisitions lentes, mais incessantes, mais profondes de la raison humaine. Un bouleversement général menaçait de sortir d'une fermentation sourde qui travaillait la population avec un ascendant irrésistible. Mais si, sur ce point, de sombres inquiétudes se manifestaient, du moins l'enivrement qui tenait toutes les classes de la société ne permettait pas de douter qu'il ne se trouvât des chefs habiles et dévoués qui prendraient la direction des masses, et qui veilleraient à ce que l'explosion ne débordât point hors de la ligne des intérêts généraux, de manière à prévenir les désastres d'un torrent trop révolutionnaire.

Dans ces circonstances, la part la plus considérable de ce déclassement des populations échut à Napoléon. A l'aile du temps, à la promptitude de l'exécution, il fallait

confier le déroulement de ce sombre avenir : on ne pouvait réussir que sous l'ascendant et l'action unitaire d'une même pensée.
Napoléon était bien jeune d'âge, mais il
n'est point d'enfance pour le génie (1).

Dans la tendance nouvelle des esprits,
où s'adresseront les pas de Napoléon ? où
ce génie naissant rencontrera-t-il l'action
unitaire et l'ascendant de puissance nécessaires pour imprimer leur direction
à d'aussi hautes conjonctures ?

En méditation sur cela à l'âge de quinze
ans, Napoléon n'entrevoit, comme moyen,
que deux routes praticables : il lui faut
opter entre les armes et les sciences.

(1) Les biographies de Napoléon contiennent ce passage : « L'enfance de ce grand homme s'est passée sans
« jeux, comme sa jeunesse sans plaisirs ; son premier
« âge eut une sorte de maturité dont les penchans
« sérieux contrastaient singulièrement avec ses jeunes
« années. Reçu à Brienne, il y développa une passion
« secrète pour l'étude et la réflexion, qui avaient
« frappé sa famille à Ajaccio. »
    (Extrait de la BIOGRAPHIE DES CONTEMPORAINS, au
mot BONAPARTE.)

Les armes! le ravage de la terre devra
précéder le heurtement des institutions à
réformer, le redressement de torts, d'in-
justes oppressions; et Napoléon s'y refuse
dans la candeur de son ame. Les sciences!
cet avenir lui sourit : car son esprit, né
rêveur, a déjà, dans de profondes méditations, entrevu que la vie des choses dépend de détails infinis, s'entremêlant et
réagissant réciproquement ; a déjà dis-
cerné avec une sagacité merveilleuse que
la pensée humaine ne s'était que peu ou
point occupée de ces infiniment petits
corpuscules, et ne s'était point exercée
sur leurs rapports fondamentaux.

Or, quelle vaste exploitation qu'une
telle infinité de faits, dont l'action réciproque, surtout à très courte distance,
n'aurait point encore été aperçue! L'immensité de ces détails à parcourir et les
difficultés de cette entreprise, inextrica-
bles pour tout autre esprit que le sien,
le décident.

Ce point réglé, où trouvera-t-il un modèle à suivre ou plutôt un émule qui lui serve de point de mire? Il le cherche dans une revue des notabilités scientifiques, et Newton lui apparaît comme la plus grande. Newton à égaler, ses puissans travaux d'invention et sa gloire, la première de toutes les gloires scientifiques, à surpasser, à subalterniser, voilà tout-à-coup la préoccupation vive, incessante, le confiant espoir d'une pensée conçue à l'aurore de la vie.

Mais si cette conception ne lui avait plu que sous le rapport et l'attrait d'une pensée audacieuse! Il échappe à cette hésitation, en restant persuadé que l'enfantement de son idée est en lui un produit de révélation providentielle.

Cependant, de ce qu'a projeté, de ce que pensait Napoléon, l'autorité de sa famille et l'empire d'assez dures circonstances l'écartent, et le soumettent au contraire au régime militaire.

Ces luttes de son esprit et son parti pris dès son entrée dans la carrière, il les raconta plusieurs fois dans l'intimité de ses conversations. Je l'ai ouï moi-même s'en expliquer ainsi : *Le métier des armes est devenu ma profession ; ce ne fut cependant point de mon choix, et je m'y trouvai engagé du fait des circonstances.*

Or, ses regrets à ce sujet, il les exprimait même au milieu de ses plus éclatans triomphes : souvenirs tout de foi en sa première vocation! Il était des jours où ses plus beaux trophées ne le consolaient point de cet autre emploi de sa vie qu'il reconnaissait moins brillant, mais qu'il avait rêvé de félicité pure.

Le jour et l'heure où sa causerie fut tout-à-fait explicite à ce sujet, ce fut durant les derniers instans qu'il passa au Caire. Son loisir forcé et prolongé pour attendre la fin des préparatifs de son départ pour la France, le général en chef de l'armée d'Orient l'employa à nous faire d'aussi curieuses révélations (1). Pour n'avoir pas à me répéter sur les circonstances de l'accessoire et sur le pathétique de la situation, je renvoie à mes *Études progressives* (2). J'insiste toutefois sur ce mot en saillie : *Jeune*, dit Napoléon, *je m'étais mis dans l'esprit de devenir un inventeur, un Newton.*

Jusqu'à ce moment, le général Bonaparte s'était borné à parler d'une manière générale de la prédilection de son enfance pour les sciences ; mais de ce jour nous apprîmes qu'aussitôt parvenu au commandement des armées, il employait ses heures de délassement à s'en entretenir, montrant pour la chimie et les deux sortes de physique, la physique des corps

(1) Que de motifs recommandent le souvenir de ces révélations : l'anxiété de Napoléon quittant son armée, le lieu de la scène, la gloire de Newton déniée à quelques égards et la grandeur des interlocuteurs !

(2) ETUDES PROGRESSIVES D'UN NATURALISTE, *pendant les années* 1834 *et* 1835, *faisant suite à ses publications dans les* 42 *volumes des* Mémoires et Annales du Muséum d'histoire naturelle, page 182.

organisés et celle des substances inorganiques, une curiosité insatiable.

N'y pouvant, sur les champs de bataille,
consacrer que de courts momens, les
seuls que lui laissait le soin d'affaires mul-
tipliées, il s'entoura d'hommes adonnés
à la culture des sciences : c'était recher-
cher des interlocuteurs qui pussent para-
phraser ses causeries roulant principalement sur les préoccupations de sa jeunesse.
Voilà comment il attira Monge, Berthollet
et aussi quelques physiciens d'Italie, jusque sur les glacis du siége de Mantoue. Il
les charmait par l'aménité de ses manières.

Quand la victoire, pendant la campagne d'Italie, lui avait soumis des villes à
université, il en visitait les professeurs.
A Pavie, c'est Scarpa qu'il recherche,
c'est ce physiologiste qu'il aborde en lui
adressant cette brusque et singulière question : « Quelle différence voyez-vous entre un homme mort et un homme vivant ?»
Et Scarpa à qui il ne fut pas donné de pé-

2

nétrer les abstractions du vainqueur touchant ses fantastiques rêveries scientifiques, ne sut que lui faire cette réponse :
L'homme mort ne se réveille plus.

Cependant arrive le moment du plus
grand éclat de la carrière de Napoléon,
l'époque de la glorieuse expédition de
l'armée d'Orient. Il est dans l'indépendance
d'un pouvoir sans bornes. Ce n'est plus seulement Monge et Berthollet, ses causeurs
intimes sur les sciences, qui montent à
sa suite le vaisseau *l'Orient ;* c'est tout un
Institut qu'il emmène avec lui. Les sciences
et les armes, qu'il alliait dans la rêveuse
méditation de sa jeunesse, il en reprend
la pensée dans le voyage qu'il entreprend ;
il veut en répandre l'éclat dans la célèbre
contrée vers laquelle il dirige ses pas : il
l'annonce dans l'intitulé de ses proclama-
tions ; *c'est un membre de l'Institut et un
tout-puissant capitaine*, qui s'avancent
dans la terre antique et classique de la
philosophie naturelle.

Ne pourra-t-il recueillir, dans ses intervalles de loisir, l'enseignement des faits pour en former sa spéciale philosophie de la nature ? Il s'en enquiert du moins, pendant sa traversée de la mer, quand descendu à Malte, quand combattant à Alexandrie, quand parcourant le désert, il a près de lui ses fidèles compagnons : il les écoute avec la même attention et la même avidité que s'il en attendait une transmission d'oracles. Monge et Berthollet couchent sous sa tente en face de St-Jean-d'Acre.

Si, dans sa résidence au Caire, sont quelques momens dont il puisse disposer, il emploie ces intervalles de loisir à des leçons de chimie qu'il écoute avec une ferveur vraiment remarquable. La première fois, l'illustre disciple était seul écoutant à ce cours fait avec tout l'appareil d'usage ; il s'aperçut que le débit du professeur se ressentait de l'absence d'un nombreux auditoire, et Berthollet fut engagé à se faire accompagner de quelques amis.

A ce titre, je fus appelé à jouer dans cette occasion le rôle de Léandre, à figurer comme le semblant d'un public.

Déférant à la demande que m'en avait faite le général Régnier, j'avais, en mer, dans les parages de Malte, reproduit, sur un requin harponné et hissé à bord, la principale expérience de Galvani, touchant l'électricité animale : Bonaparte m'en demanda un récit détaillé.

Peu de jours après la bataille des Pyramides, la commission des arts et des sciences s'acheminait vers le Caire. A peine ralliée et non reposée, le général en chef l'entraîna dans une excursion minéralogique. Il s'en fut, avec sa troupe de savans, visiter d'immenses carrières qui avaient fourni aux constructions du Caire; elles occupaient une gorge profonde, à larges excavations, à ciel découvert, et à feux réfléchis par les parois blanches et cristallines de cette sorte d'entonnoir. L'on descendait dans cette fournaise par un sentier étroit et semé de précipices. Les chevaux à peu près portés par les épaules de leurs cavaliers piétinaient incessamment. Vers le milieu de cette rampe escarpée, il y eut halte, et, dans cette singulière station, ce furent des réflexions et des discours sur la minéralogie, comme dans une séance régulière. Mais comme chacun se trouva bientôt sans fatigues ni souffrances, en entendant ce mot prononcé avec effusion, *commilitones*, s'appliquant ainsi l'allusion qui était dans la pensée du général, et recueillant son accent de bonté ineffable! En de semblables conjonctures, et peut-être dans ces emplacemens même, César savait aussi relever, par le charme de son amitié, le courage de ses intrépides compagnons.

L'inondation du Nil arrivée, ce fut un tout autre voyage scientifique. On ira visiter les pyramides en s'y acheminant transporté par des barques. Le voyage nautique, aller et retour, durera trois heures. Ces trois heures seront employées fructueu-

sement, scientifiquement : pour cela faire,
le général en chef prescrivit que ses gardes
et ses aides-de-camp monteraient une autre
barque à la suite, et que son autre es-
corte de soldats lettrés l'accompagnerait
sur le bâtiment destiné à sa personne.
Chacun de ceux-ci y fut convié no-
minativement. Honoré de ce choix,
j'ai été dans le cas de connaître que la
séance fut sérieuse, profondément instruc-
tive, et roulant sur des points transcen-
dans d'économie publique dans des applications possibles à l'Égypte. Bonaparte
préludait dans cette journée aux graves
discussions qui eurent lieu plus tard dans
le sein du conseil d'état impérial.

Dans la narration qui précède, l'on voit
que, si *le métier des armes* était, sous
l'empire de la nécessité, devenu pour lui
une *profession* obligée et exclusive, il n'en
était pas moins resté vivement attaché aux
ravissantes préoccupations de sa jeunesse,
qu'il avait rêvées de *félicité pure*. L'ave-

nir a fait connaître que toute sa vie
s'est ainsi déroulée conformément à ces
deux données distinctes : d'une part, application principale aux affaires militaires
et gouvernementales (il y conformait tous
ses devoirs, la tension, l'activité, toutes les ressources de son esprit); puis d'autre part, il s'accordait comme délassement
une information curieuse et incessante
de ce qui se passait en physique, en chimie et en physiologie. C'est donc pour cela
qu'il tenait à transporter dans les camps et
dans ses voyages militaires ceux des chefs
des travaux académiques qui, de son temps,
étaient l'ornement de la moderne Athènes.

Et ceci explique encore comment, au
moment de quitter l'Égypte et de cesser
d'imposer par ses courses aventureuses
et poétiques dans l'Orient, il révéla le
secret de sa première vocation étouffée.
Il occupait, pour une heure encore, les
jardins de son palais Esbékieh. Il s'y
trouvait entouré des hommes d'élite, des

principaux officiers de son corps d'armée ; il ne les délaissera pas sur la terre
étrangère sans des paroles d'intimité ,
sans les épanchemens de son ame aimante.
L'on ignorait encore son départ pour la
France , mais quelques pressentimens le
faisaient conjecturer ; un peu d'agitation
était remarquée et il était instant d'y donner le change.

Je me trouve, dit le général en chef,
*conquérant en Égypte comme l'y fut
Alexandre ; il eût été plus de mon goût de
marcher sur les traces de Newton : cette pensée me préoccupait à l'âge de quinze ans.*

Monge, sur le premier plan des interlocuteurs, semblait invité à répliquer ; ce
fut peut-être pour la première fois depuis
la campagne qu'il se hasarda de n'être pas
de l'avis du général en chef. Monge fit valoir la portée de ce joli mot de Lagrange :
*Nul n'atteindra à la gloire de Newton : il
n'y avait qu'un monde à découvrir.*

Cette assertion fut aussitôt relevée : à

l'accent vif et chaleureux du général en chef, il fut évident que sa pensée long-temps contenue allait lui échapper. *Qu'ai-je là entendu?* dit-il, *et le* MONDE DES DÉTAILS ! *qui a jamais songé à cet autre? Moi, dès l'âge de quinze ans, j'y croyais et je m'en occupai alors ; et ce souvenir vit en moi comme une idée fixe et ne m'abandonnera jamais.*

Cette expression : *monde des détails* (1), fut inventée par Napoléon : il avait voulu puiser sa signification dans le contraste de cette désignation des newtoniens : *le monde astronomique*. Le jeune philosophe avait cru par là opposer aux faits d'une thèse spéciale les *élémens de la théorie qu'il avait conçue* et que, ce jour, il entendait généraliser à toutes les choses et actions de l'univers. Il voyait que Newton s'était arrêté et fixé à une spéculation véri-

(1) Celle du monde *phénoménal* eût, je crois, mieux rendu le sens des idées scientifiques et philosophiques de l'illustre penseur.

tablement plus philosophique qu'essentiellement pratique. Napoléon, esprit positif
et fixé sur les vrais intérêts de l'humanité,
entendait placer au dessus de toutes les
spéculations, celle d'une application éco-
nomique plus immédiate, tous les avantages de cette sorte qui lui paraissaient ré-
sulter de l'appréciation, du contact et de
l'actualité de la vie sensuelle, de la connaissance des relations et du jeu des *détails*.

Ce qu'avait, pour l'imagination, de grand
et d'imposant le monde astronomique, ne
manquait point à son monde des *détails*.
L'immensité des choses, comme leur degré
dans la perfection de leur arrangement,
il pouvait les considérer acquis et fournis
par les minimes atomes lancés par les
mondes stellaires, par la production de la
lumière que les étoiles envoient à la terre.
Or, c'était aussi le même grandiose : car
n'est-ce point au sein des *détails* propres
à notre corps planétaire que l'espèce humaine vit déposée et se trouve entretenue ?

n'est-ce point par le concours de ces protées en nombre infini que s'organise la
masse imposante de la croûte animée de
la terre? Et en effet, ce riche revêtisse-
ment de notre globe, qu'est-ce, si ce n'est
l'immense laboratoire où nous sommes
versés, un lieu du *monde des détails*, l'un
des lieux de ce monde phénoménal?

Napoléon ne laissa pas reposer un moment son courageux interlocuteur, il le
poursuivit par ces réflexions (1) :

« Je vous le demande, Monge, qui a
fait attention au caractère d'intensité et
d'attraction à de très courtes distances, aux
actions des minimes atomes dont nous
sommes d'une manière quelconque les observateurs obligés? Je vous le demande,
Monge, cela serait-il trouvé? Vous, Monge

---

(1) Je rappelle seulement ici le sens de sa réplique.
J'ai raconté dans mes *Études progressives* qu'il s'inter-
rompit presque à chaque phrase, allant adresser à des
personnes de son intimité des adieux, ou du moins
des paroles affectueuses, que l'on sut plus tard en avoir
été l'expression.

ou votre Newton, l'auriez vous remarqué?

« Or voyez : cela ne serait-il pas plus beau, plus grand, mais surtout plus profitable à la société qu'une spéculation philosophique? Newton se trouve avoir résolu le problème du mouvement en général par la découverte du système planétaire : c'est magnifique pour vous autres gens d'esprit et de mathématiques. Mais que, moi, j'en fusse venu à apprendre aux hommes comment s'opère le mouvement qui se communique et se détermine par l'intervention des plus petits corps, j'aurais résolu le problème de la vie de l'univers. Et cela fait, ce que je tiens chose possible, j'eusse dépassé Newton de toute la distance qu'il y a entre la matière et l'intelligence. Par conséquent il n'y a donc rien d'exact dans votre mot de Lagrange, puisque le monde des détails reste à chercher. Voilà cet autre monde, et c'est le plus important de tous que je m'étais flatté de découvrir ; *d'y penser, j'en suis aux*

regrets; d'y penser, j'en ai mal à l'ame.»
(*Études progressives, page* 183.)

J'ai cherché à me bien pénétrer du sens
de ces phrases, et j'ai cru comprendre
qu'il y entrait, confusément sans doute,
l'idée de ces conditions d'essence et d'affinité élective qui caractérisent chaque
sorte de matériaux atomiques. Cette pensée, apportant à l'esprit la notion d'un premier principe des choses, nous amène au
sentiment de la nature aux prises avec
elle-même, opérant la séparation de matériaux d'essence contraire, ou recueillant
des élémens congénères, qu'elle rassem-
ble avec prédilection, qu'elle coordonne
avec harmonie et dont elle forme enfin ces
agrégats merveilleux, ses plus admirables machines, les *êtres organisés vivans ;*
composés dans lesquels le bon accord des
élémens constitutifs engendre la faculté
et la liberté de mille actions partielles et
concurrentes.

D'aussi graves pensées sont l'œuvre

d'un génie vigoureux : et si elles ont été conçues d'aussi bonne heure que je viens de l'indiquer, c'est que toute grande mission éclate et s'accomplit ordinairement hors des règles de l'âge. Des *regrets* au souvenir du délaissement de cette philosophie, vous vous en étonneriez ! La *première des philosophies* n'est-ce point celle qui s'attache à comprendre les prodiges et les idées d'intelligence que manifestent les faits de la nature ? Comment effectivement ne point se passionner pour la clairvoyance d'un savoir qui vous soumet l'ordre intelligent des choses et l'esprit de leur simplicité merveilleuse ? simplicité seule possible, à la fois nécessaire et caractéristique de toute grande composition.

Avant de quitter l'Égypte, le général en chef de l'armée d'Orient organisa deux divisions de savans et d'artistes qu'il chargea d'aller explorer l'Égypte supérieure, et qu'il pourvut de tous les moyens propres à assurer le succès d'une aussi belle mission.

Cette légion d'hommes lettrés, qu'il avait eu la précaution de composer en France et qu'il avait conduite en Égypte, trouvait alors son emploi prévu, de même qu'elle lui servit à fonder dans le Caire un *Institut*. On sait que tant que Napoléon résida dans la capitale de l'Égypte, il prit de sa personne part aux travaux de cette compagnie, s'y présentant avec le rang et l'utilité d'un simple membre.

Tant de persistance dans les mêmes vues et des allures aussi précises n'attestaient point seulement chez le général de l'armée d'Orient un goût simple et passager, mais dénotaient une véritable passion pour les sciences. C'était le cachet de cette arrière-pensée, de cette idée fixe dont il craignait de faire étalage, sans doute pour satisfaire à un sentiment de dignité dont il ne se départait jamais, et peut-être aussi dans la crainte d'en venir à formuler sans une suffisante lucidité l'inconnu de sa mé-

ditation, objet constant de ses préoccu=
pations.

A la vivacité de sa repartie dans la conversation rapportée plus haut, c'est évidemment son intime pensée qui lui serait
échappée, et qui éclata dans cette ardente improvisation, quand Monge vint
à lui en fournir l'occasion en lui résistant
au sujet du *système du monde*.

Cependant Napoléon revit la France.
D'abord il continua, sur le vaisseau qui l'y
ramenait, lui et ses plus intimes amis, avec
les mêmes savans, ses causeries ordinaires
sur les sciences pour lui si pleines de char-
mes. Puis, une fois rentré dans Paris, il se
trouva lancé dans d'autres relations, et ce
fut toujours sans rien changer à sa règle
de conduite, aux deux données de l'emploi
de son temps qu'il s'était prescrites.

Resté un moment simple particulier, il
se répandit uniquement parmi les savans
dont il provoquait et continuait de goûter
les entretiens.

Devenu chef de l'état sous le titre de premier consul, il appela aussitôt en 1801 Volta, le plus grand physicien de la république italienne, qu'il lui importait d'entendre et d'honorer : le genre d'un tel savoir faisait grand bruit en Europe.

M. Arago, dans l'éloge de ce savant, rend un compte détaillé des soins empressés, des assiduités aux expériences, des honneurs rendus et des avantages pécuniaires, au moyen desquels le premier consul voulut reconnaître le haut mérite des découvertes sur l'électricité par le contact. Volta retourne en Italie, où de nouveaux honneurs et de hauts emplois, encore conférés par Napoléon, viennent le surprendre. M. Arago cite ces faits, qu'il invoque comme autant de signes caractéristiques, témoignant de l'enthousiasme que le *grand capitaine* avait éprouvé de la présence de Volta à Paris.

De *l'enthousiasme*, c'est-à-dire l'émotion subite et extraordinaire de l'ame ou le

3

reflet instinctif d'une inspiration poétique qui vous plonge dans une profonde et vive admiration; était-ce alors ce sentiment? je me permets d'en douter. Pour *le grand capitaine*, c'était son esprit, son savoir qui lui apparaissait traduit par un homme puissant dans les sciences et dont il avait su goûter depuis long-temps les longues, laborieuses et très habiles études. C'était une face de la méditation de son jeune âge qui lui revenait, qui lui souriait et qui venait le confirmer dans le sentiment de sa supériorité intellectuelle, sentiment de sa grandeur morale qui lui avait été révélé dès son entrée dans la vie sociale.

Mais ne nous hâtons pas de conclure dans ce sens et continuons le récit des faits.

Il forme son conseil supérieur d'administration publique et il y donne rendez-vous à toutes les grandes notabilités de la France. Quand M. Lemercier lui refusa d'accepter la place alors très importante de conseiller d'état, il applaudit à son indépendance d'homme de lettres par cette affectueuse allocution. « J'eusse fait de même ; car pensez-vous que si je ne fusse pas devenu général en chef et l'instrument du sort d'un grand peuple, j'eusse accepté de ces emplois à me mettre dans une dépendance quelconque, même de ministre ou d'ambassadeur ? Non, certes ; jeune, je m'étais destiné aux sciences exactes ; j'aurais donc fait mon chemin dans la route des Galilée, des Newton. Aucune autre gloire, mieux que celle dévolue aux grandes découvertes des travaux scientifiques, ne pouvait alors tenter mon ambition. »

Ce goût des sciences exactes demeura en Napoléon comme l'idée fixe de sa vie.

Dès l'année 1802, le 26 prairial an 10, le premier consul écrivit *proprio motu* à son ministre de l'intérieur, qu'il entendait donner un encouragement de 60,000 francs à celui qui, par ses expériences et

découvertes, ferait faire à l'électricité,
au galvanisme, un pas comparable à celui
qu'avaient fait faire à ces sciences Franklin
et Volta. *Régularisez cette mesure avec la
portion de l'Institut qui en doit connaître*,
ajoute le premier consul, *car cette partie
de la physique est*, A MON SENS, *le chemin
des grandes découvertes*. Ces mesures furent arrêtées et depuis promulguées dans
une séance solennelle tenue le 17 mes-
sidor an 10.

Quelques académiciens ayant accès au-
près du premier consul se laissèrent com-
plimenter d'avoir conseillé ce grand acte
de munificence en faveur des sciences.
Napoléon l'apprit et saisit plus tard l'occasion de démentir ce faux bruit que la
presse avait adopté et répandu.

Et, en effet, ce démenti à donner fut
cause qu'en 1804, la réception d'un autre
physicien d'Italie, le célèbre Jean Aldini,
neveu de Galvani, fut renfermée dans l'en-
ceinte du palais. L'accueil fut non moins

gracieux, peut-être plus éclatant, si l'on en juge par la munificence des dons. Le premier consul assista aux expériences, accepta la dédicace de l'œuvre de l'auteur, ordonna que les moyens de l'établissement d'Alfort seraient mis à la disposition de l'expérimentateur, et il le recommanda aussi pour un prix qu'Aldini obtint. Le neveu de Galvani reçut enfin, lors de sa dernière audience, une boîte d'or, au fond de laquelle était un bon de 20,000 francs sur le trésor d'Italie, avec mention que le cadeau s'adressait autant à la glorieuse mémoire de l'oncle qu'au zèle et à l'habileté du neveu.

Ces faits me sont connus en partie par des indiscrétions d'Aldini, et en partie par des communications dont je suis redevable au principal collaborateur de ce physicien, M. B. Mojon, savant médecin de Gênes. M. Mojon, honorablement mentionné dans l'œuvre de son ami, habite présentement Paris où la fureur des dissensions politiques l'a forcé de se réfugier. Ses *lois physiologiques* sont le plus estimable de ses écrits scientifiques.

Investi de la suprême dignité de l'état, sous le titre d'empereur des Français, Napoléon revint, par un acte spécial, sur les encouragemens qu'il lui était si agréable de renouveler en faveur des sciences. Son décret du 24 fructidor an 12, ou septembre 1804, sur des prix à décerner tous les dix ans aux hommes qui auront le plus participé à l'éclat des sciences, des lettres et des arts, fut daté d'Aix-la-Chapelle. Cet encouragement, unique dans l'histoire, et qui avait pour objet l'illustration et la gloire des nations, fut un acte émané de son cabinet privé, ainsi que l'atteste le contre-seing *Hugues B. Maret.*

Serait-ce aussi sur une détermination de son propre mouvement que fut rédigé le décret inséré au Moniteur du 8 août 1808 ? L'éclatante découverte de la décomposition des alcalis, de la production du *potassium*, faite par Davi, porta Napoléon à faire construire une pile voltaïque sur des proportions gigantesques : il accorda les fonds nécessaires. Les plaques métalliques étaient d'un pied carré, et il y eut cent de ces plaques. Or il ne fallut rien moins que l'étendue entière d'une chambre spacieuse pour recevoir et loger cette lourde et incommode machine. En effet, le gigantesque instrument en imposait plus par la grandeur matérielle de sa masse qu'il n'attestait le déploiement d'une intelligence heureusement exercée. Cependant, à l'invasion de l'eau acidulée, ses effets furent foudroyans. La chaux fut la première terre mise en expérience, et sa décomposition fut immédiate : ainsi le *calcium* fut produit et pour la première fois aperçu à Paris, comme l'avait été le *potassium* à Londres.

Enfin je ne dois pas omettre la curieuse innovation de cet événement du règne de

Napoléon empereur, d'un effet moral à exciter un long retentissement dans la postérité : il voulut qu'il lui fût rendu solennellement compte, et dans le plus grand détail, de la situation des sciences, des lettres et des arts, de leurs progrès dans toute l'Europe à partir de 1789, ou de l'ère de la révolution française. L'empereur, entouré de ses grands officiers, de ses ministres et des membres de son conseil d'état, admit toutes les classes de l'Institut à l'entretenir spécialement l'une après l'autre des conceptions de l'esprit humain.

Bien d'autres récits pourraient également encore attester la conviction de Napoléon, expliquer sa pensée sur les applications et l'avenir promis à son *monde des détails*. Mais ils n'auraient que le mérite de reproduire des équivalens, qui ajouteraient peu à l'autorité des faits précédens. Pour ne point abuser de la patience du lecteur, j'arrête ici l'énumération de ces considérations historiques.

Napoléon crut fort jeune à son avenir comme *naturaliste et physicien ;* mais il n'accomplit sa mission d'un envoyé de la Providence, qu'en se renfermant dans les travaux de *l'homme d'état.* Il avait compris dès l'âge de quinze ans qu'il lui fallait opter entre les affaires et les sciences. La vie publique de l'homme d'état l'absorba uniquement, et l'exposa à être jugé bien diversement. C'est qu'à l'égard de ces hommes dont le génie embrasse toutes les données de l'humanité, chacun croit user de finesse et de profondeur, en leur déniant ce qu'ils avancent ou conçoivent hors de la portée commune.

§ III.

DE L'IDÉE, MONDE DES DÉTAILS, RESTÉE EN GERME.

Je n'avais point ce préjugé dans mes rapports avec Napoléon : et tout au contraire

je déclare avoir usé à son égard d'une do-
cilité sympathique, et, à cause de cette
sympathie, avoir mieux écouté et toujours
très religieusement recueilli ses paroles,
qui me paraissaient dites avec simplicité
et sortir naturellement de ces *va-et-vient*
de la conversation qui les motivaient. Ce
n'était point non plus une crédulité trop
complaisante.

Mais c'est qu'à l'égard des conceptions
scientifiques de Napoléon, ma forme d'esprit répondait *peut-être* à la sienne.

A ving-sept ans, comme lui descendu
sur la terre égyptienne, j'avais de même
ma préoccupation. J'étais plein aussi de
l'idée qu'une cause sans cesse active et
assignable déterminait le mouvement mus-
culaire et que l'œuvre de notre locomo-
tion incessante tenait à quelque chose de
plus simple qu'on ne le supposait. Ce
qu'on ne prévoyait encore nulle part, j'eus
instinctivement l'idée qu'une révélation
prochaine à ce sujet donnerait ce savoir

immense à l'humanité ; mais surtout je croyais que s'il y avait fondement à cet espoir, ce serait pour et par la visite que feraient encore quelques penseurs de l'Europe à l'Égypte. Car, dans cette terre célèbre à tant d'égards, étaient déposés de mystérieux matériaux, à rapprocher et à comparer ensemble.

Comme Napoléon, je croyais *a priori* que les phénomènes de l'électricité, formant autant de protées jusqu'alors insaisissables, en viendraient cependant à subir un jour l'action d'une grande et incessante méditation.

Car, effectivement, l'esprit humain dans sa maturité progressive, comprenait déjà le besoin de cette investigation il en avait le pressentiment et comme le désir, en sorte que c'était spécialement sur l'Égypte qu'il fallait avoir constamment les yeux ouverts.

Dans le Nil se trouvaient deux poissons très singuliers, semant autour d'eux l'épouvante; car, maîtres d'attaquer ou de se défendre par des décharges d'électricité, leurs moyens restaient masqués; on devait les supposer pourvus d'un pouvoir de volonté et d'intelligence surnaturel.

Une circonstance heureuse, et que je ne manquai pas de faire valoir pour en recommander l'intérêt, c'est qu'ils étaient de structure fort différente. Ces poissons sont la *torpille* et un *silure;* celui-ci nommé par le peuple égyptien *tonnerre*, et qu'on croyait avoir été ainsi désigné d'après ses habitudes : on l'appelait encore *trembleur*. Ces poissons différaient autant par leur lieu d'habitation que par leur structure organique. La torpille était littorale, répandue sur les plages des côtes maritimes, et le silure était un poisson d'eau douce qui existe dans plusieurs rivières de l'Afrique, dans le Nil spécialement.

J'avais souvent demandé ces précieux animaux, encourageant à prix d'argent le zèle des pêcheurs. Un cas fortuit les amena vivans et ensemble sous mes yeux, malheureusement au moment de clore mon voyage, dans Alexandrie alors bombardée.

Cependant il n'y avait point d'instans à perdre. J'ai donc pris sur moi de détourner mes regards du bouleversement de cette ville pour concentrer exclusivement ma pensée sur les phénomènes de l'électricité de ces deux poissons, que je tins assez long-temps en expérience.

Je m'y appliquai avec une puissance d'attention excessive, désordonnée même, tuant les forces du corps et m'ayant rendu gravement malade; mais enfin il sortit de ces efforts une vue d'application générale.

J'en ai donné dans mes *Etudes progressives*, publiées en janvier 1835, la partie qui explique les fonctions de la vie en général, et j'ajoute, qui créa une nouvelle théorie physiologique. Alors, en janvier, je n'ai point dit moi-même, ni n'ai fait dire par des amis complaisans que cet ou-

vrage, composé contrairement, je dois ici
l'avouer, à l'esprit de plusieurs doctrines
en vogue, pouvait invoquer d'autres maxi-
mes générales et plus justement fonda-
mentales peut-être; qu'ainsi il lui arriverait,
en son heure d'être connu et apprécié, de
fort bien se défendre de la rudesse gouvernementale des opinions régnantes. Ces
Notions de philosophie naturelle, que je
publie présentement, seront-elles plus heureuses pour conjurer l'orage?

Quoi qu'il en soit, je donne dès à présent ma *Loi universelle* comme une pensée
que j'ai conçue en Égypte, qui a quelques
rapports avec les idées et les doctrines
de Volta, et qui est sans doute aussi une
face de la méditation, *Monde des détails*,
par laquelle avait débuté le plus grand
homme du siècle, des siècles peut-être.

J'ai dédié le développement de cette
découverte *au souvenir de la mémorable
méditation* de Napoléon, parce que j'ai
cru retrouver dans sa conception, restée

dans un état embryonnaire, le même ins-
tinct de génie qui fut chez Keppler, parlant le premier d'une *loi universelle* : à cet
esprit si vaste, il n'a peut-être aussi manqué pour un succès dès ce moment définitif, que le temps nécessaire à un examen suffisamment *détaillé* et réfléchi des
élémens de ses divines inspirations.

Keppler s'était élevé à l'idée d'un levier
unique à assigner et selon lui *détermina-
ble*, élevé également à la cause qui place,
Deo juvante, l'ordre et l'harmonie sous le
ressort phénoménal d'un premier principe
des choses. Les méditations de ces deux
chefs de l'humanité, de ces deux penseurs sur la philosophie naturelle, méditations non encore entièrement éluci-
dées, les aurais-je reprises et heureusement
traduites dans les vues que j'ai formulées
sous le nom de *Loi universelle?* en aurais-je
retrouvé les profondes racines dans mon
principe de *l'attraction de soi pour soi?*

Je vais laisser aux *notions synthéti-*

*ques, physiologiques et historiques de phi-
losophie naturelle*, objet du présent ouvrage, à s'expliquer plus catégoriquement
sur ce dernier emploi de mes travaux
comme naturaliste. L'esprit humain me
paraît riche d'assez de matériaux et de
lumières diffuses, pour que l'on doive se
croire en mesure de les embrasser philo-
sophiquement, pour qu'on vienne à les
rassembler, à les comparer et à les éclairer en définitive en les soumettant au *crite-
rium* d'un système de vue unitaire. Mes
deux derniers écrits, celui de janvier 1835
et le présent ouvrage, pour le peu d'attention qu'on veuille bien leur consacrer,
mettront, je crois, le Public dans le cas de
prononcer si j'ai vraiment fait preuve de
la solidité d'esprit nécessaire dans cet
essai de haute portée.

Quoi qu'il en soit, j'insiste au moins sur
ce point de fait, c'est que je me suis permis,
uniquement dans ce dernier acte de ma
carrière scientifique, de recourir à l'ex-

pression peut-être reprochable, et à quelques égards ambitieuse, que comporte le mot de *loi universelle*. Mon excuse est dans ma bien vive conviction, et, je le déclare, je ne m'y suis déterminé qu'après trente années de recherches persévérantes.

4

NOTIONS

SYNTHÉTIQUES, PHYSIOLOGIQUES ET HISTORIQUES

DE

PHILOSOPHIE NATURELLE.

———

CONSIDÉRATIONS SYNTHÉTIQUES.

Si je n'ai point compromis le grand nom et la gloire de Napoléon, quand, dans les réflexions qui précèdent, je me suis permis d'associer à cet essai de philosophie naturelle, l'une des inspirations de sa haute et merveilleuse intelligence, en aurai-je du moins obtenu quelque crédit? Il faut bien que je m'en sois flatté, en confiant, dans ma dédicace, l'avenir de cet écrit à la recommandation d'une aussi grande renommée.

Le Monde des détails, première pensée d'un génie naissant, formait naturellement le point de départ d'un ouvrage où l'on cherche à réas-

4.

seoir les sciences naturelles sur une base plus
ferme , qui leur serait en effet procurée , leur
philosophie reposant sur la notion (*suivant
moi , présentement révélée*) d'un premier
principe , cause de tous les mouvemens et arrangemens dans l'univers.

Je voyais dans ce point de départ une source
de nouvelles inductions, la matière de précieuses
méditations pour la philosophie naturelle.

Sans le moindre doute , le génie de Buffon
avait déjà commencé de secouer le terre-à-terre
des travaux de son temps : mais , dans le corps
des naturalistes , il passe , même encore aujour-
d'hui, pour constant que les vues d'avenir de ce
grand maître formaient la mauvaise partie de
ses livres ; dont on continue de lui garder ran-
cune. Tout serait-il encore en demeure sous ce
rapport? bien moins , je l'avoue , depuis ces
dernières années. Sachons le reconnaître , et en
conséquence rendons grâce , car c'est formellement là du moins mon avis , rendons grâce à
cet esprit du *Monde des détails,* s'il vient opposer
à la marche indécise et à l'emploi préféré de

l'ancien système des classifications , le principe d'actions plus vives, de généralités et de comparaisons philosophiques , celui d'une marche plus ferme qu'entraîne la pénétration de vues synthétiques, recherchant alors les racines, l'esprit et le mouvement des choses dans la formation des corps.

J'use de sincérité, et à ce moment je me dois de ne rien taire de mes sentimens. C'est cette idée du *Monde des détails* , qui ne fut que déposée en germe par Napoléon dans le sein de l'intimité, que j'ai cherché à approfondir, à répandre, et pour ainsi dire à exploiter. Je laisse affirmer qu'elle est du nombre de ces grandes pensées dont la nature s'est réservée la portée mystérieuse. Entré dans cette voie de recherches , je n'ai eu garde de l'annoncer à l'avance et de m'attirer, avant les jours de sa publication, les fâcheux murmures de l'incrédulité des naturalistes engagés dans le service exclusif des classifications. J'ai parlé, publié, puis gardé le silence une année entière ; car ce n'est que d'aujourd'hui que j'en suis venu à traiter de ma LOI UNIVERSELLE , aussi formulée en second lieu sous le titre d'*Attraction de soi pour soi* (1).

Habent sua fata libelli. Au sujet de matières aussi graves, il faut s'armer de résignation et accepter sans surprise ni peines qu'un long intervalle sépare les jours de l'émission d'idées neuves de ceux consacrés à leur examen. Ce temps n'est-il point encore arrivé pour ce qui concerne la Loi universelle, je garde ma foi en l'avenir. Des idées vraies, auxquelles il n'a manqué que le temps de se répandre, sont assurées d'éveiller tôt ou tard et de saisir définitivement le sentiment du public. Ces idées nouvelles seraient-elles fausses ou même seulement vaguement conjecturales, c'est inopportunité, malheur, faute impardonnable, que de chercher à les imposer à une crédulité peu défiante.

(1) Suite des titres : *Loi fondant une nouvelle école physiologique; Clef applicable à l'interprétation de tous les phénomènes de philosophie naturelle; Découverte faite à la suite d'études incessantes concernant les arrangemens, les complications, les mouvemens et généralement toutes les actions des corps organisés.*
C'est le dernier Mémoire (125-187) des ÉTUDES PROGRESSIVES D'UN NATURALISTE, etc., in-4°., 1835.

M'en tenir à ces actes de confiance et à ces intentions modestes, ce n'était pourtant point remplir tous mes devoirs d'inventeur. Il ne fallait point priver tant de vues nouvelles de leur savoir et complément nécessaire. La première fois, elles portèrent sur l'essence des corps organisés ; mais il restait à traiter d'une autre face de l'application de ma Loi universelle. A cette autre partie, la physique proprement dite, je devais donc aussi attention.

Quand il m'arriva, l'année dernière, de m'occuper effectivement de cette suite de mes premiers travaux et que je m'y disposai, des difficultés de plusieurs genres m'arrêtèrent.

Car, chose bizarre! pour traiter, comme je le fis d'abord, de l'essence de la vie et de celle des matières qui en sont les moyens composans et propagateurs, je m'étais trouvé plus à l'aise que cette seconde fois en m'occupant des corps plus simples de la physique ordinaire. J'en pouvais faire la différence, ayant en premier lieu assez souvent remanié le grave sujet de la condition des êtres organisés. Ainsi je n'ignorai point que le problème, à l'égard de ceux-ci, se trouvait compliqué d'une plus grande difficulté en soi, moindre pour moi; des effets d'une double opération. Car, pour me servir du langage des géomètres, ces effets apparaissent multipliés par d'autres données analogues, et comme élevés à la puissance carrée.

Si donc, dans ces cas plus difficiles en soi, j'ai mieux compris cette plus grande complication, je suppose que c'est pour ces motifs : 1°. Les immenses difficultés du sujet n'étaient susceptibles d'un dénoûment heureux, que si l'on quittait les voies communes de la physique proprement dite, pour douter et réfléchir, pour remonter à des causes inappréciées et qu'on se faisait gloire de n'avoir pas songé à extraire du sein de Dieu; or, déjà, j'avais mon thème fait sous ce rapport. 2°. Ce que l'on considérait comme l'objet avéré de la physique des corps organisés (*la physiologie*), c'est que cette science répandait sur tous ses faits la fatalité de son inconnu comme caractère. Cet inconnu, l'*ignotum* physiologique, dont à chaque moment il fallait parler et qu'il fallait faire jouer dans tous les actes de la vie, on avait pris son parti à ce sujet ; c'était d'user de dissimulation, de n'y plus reconnaître seulement une existence mystique, mais de lui créer au contraire un semblant d'essence, avec quoi l'on argumentait et expliquait ; car on avait appliqué à cette conception purement imaginaire le nom de *forces vitales*. Tel fut un vrai hochet pour l'enfance de la médecine. Cependant il se trouvait dans tous les temps des penseurs éclairés et consciencieux pour protester contre ces mensonges abusifs, et de temps à autres l'on sentait le besoin de revenir sur ces idées fantastiques.

Mais il n'en fut jamais de la sorte quant à la physique qui considère uniquement la nature des corps inorganiques. 1°. Cette science se maintenait attentive à se faire accompagner et à s'éclairer sur ses routes par le tout-puissant fanal de l'investigation scientifique, *l'instrument mathématique*, que j'avoue n'être point ou peu à mon usage (1). 2°. La physique considère des

(1) Je me trouve, à cet égard, dans le cas de tous les naturalistes. Leur devoir et leur aptitude, les portant à

substances d'un caractère plus simple dans leur
composition , et les sujets sur lesquels elle

embrasser tous les *détails* des choses en l'univers , ils
ne peuvent se distraire de cette vue à chaque considération pour traduire chaque observation, chaque sorte
de problèmes qui s'y rapportent , en équations; pour
venir soumettre chacune de ces manifestations, qui se
multiplient à l'infini, à l'épreuve du creuset de l'instrument mathématique.

La nature des choses a enseigné aux naturalistes de
ne point ralentir leur marche par l'emploi d'un second
procédé méthodique, quand ils devaient d'abord faire
usage du *seul raisonnement,* bien capable , chez un
esprit étendu et puissant, de l'appréciation de toutes les
considérations d'un sujet. Les naturalistes donc dûrent
s'exercer et s'appliquer à obtenir , tant par les seules
facultés d'un jugement sain , que par la considération
attentive des choses , des idées claires , et finalement
ces vérités de leurs recherches synoptiques, qu'ils sont
si habiles à introduire dans le domaine scientifique.

M. Poinsot a traité d'une manière générale ce sujet
avec sa supériorité ordinaire, lorsqu'il vint à donner sa
Théorie nouvelle de la rotation des corps. Ce devint un
débat dans le sein de l'Académie des Sciences, qui remplit les deux séances des 19 et 26 mai 1834. Le mémoire
sur la rotation des corps parut , peu après sa lecture,
dans le journal l'*Institut* , numéro 54e, et fut aussi
imprimé à part (in-8º, 1834, chez Bachelier, libraire).

Les naturalistes doivent féliciter et remercier M. Poinsot d'avoir , lui , très habile géomètre, nettement compris leur marche usuelle, d'avoir si vivement insisté

s'exerce sont par conséquent plus facilement saisis et suivis par l'observation.

sur ce que le calcul en lui-même, le calcul, instrument précieux de vérification, n'avait aucune vertu d'invention; et d'avoir renfermé sa puissance dans le cercle de ses utilités, comme lorsqu'il s'est ainsi exprimé :

« Ce qui a pu faire illusion à quelques esprits sur cette espèce de force qu'ils supposent aux formules de l'analyse, c'est qu'on en retire, avec assez de facilité, des vérités déjà connues, et qu'on y a pour ainsi dire soi-même introduites; et il semble alors que l'analyse nous donne ce qu'elle ne fait que nous rendre dans un un autre langage. »

« Quand un théorème est connu, on n'a qu'à l'exprimer par des équations; si le théorème est vrai, chacune d'elle ne peut manquer d'être exacte, aussi bien que les transformées qu'on en peut déduire; et si l'on arrive alors à quelque formule évidente, ou bien établie d'ailleurs, on n'a qu'à prendre cette expression comme au point de départ, à revenir sur ses pas; et le calcul paraît avoir conduit, comme de lui-même, au théorème dont il s'agit. Mais c'est en cela que le lecteur se trouve trompé. »

Buffon, sur ce qu'il n'avait point soumis ses théories aux formules de l'analyse, en fut très vivement repris par les géomètres de son temps; et l'on peut voir, dans le Discours d'introduction de son œuvre immortelle, comme il s'en défendit.

J'ai, dans une conversation privée, connu également

Ce que l'on sait à cet égard est donc connu plus généralement et avec plus de certitude ; plus généralement sans doute, car il s'agit là de toutes les choses de l'univers, ou du moins de tout ce qui entre dans le maniement de l'homme. De là des considérations spéciales très-nombreuses et autant de sciences diverses pour fournir à leur explication.

Or, voilà ce qu'au sujet des mathématiques il devenait bien facile de m'opposer ; car me trouverai-je en mesure d'affronter tout ce savoir de l'humanité ? A cette objection, sur laquelle je passe condamnation, ma réponse est que mon principe d'attraction de soi pour soi apporte aussi sa puissance d'explication sur les questions de la physique proprement dite. Chacune est intrinsèquement moins affectée de complications sans doute ; mais si toutes me sont moins familières, l'emploi de ma nouvelle méthode d'investigation y supplée.

cette prétention et de pareils dédains au sujet de ma Loi universelle : c'était dans le moment où j'en rédigeai l'exposé ; le ressentiment que j'en éprouvai m'engagea dans une réponse, qui forme le sujet d'une note étendue de mes *Études progressives,* page 146.

Ces réflexions m'ont quelque temps arrêté au moment où je pensais à tenir ma promesse, voulant donner sans délai, sur la seconde portion de la science générale, la suite des explications nécessaires à l'intelligence de ma Loi universelle. Cette suite devait commenter et expliquer la nature et l'action réciproque des corps inorganiques.

Ma position s'aggravait. Toutefois mes sentimens pour les maîtres de la science, c'était une respectueuse déférence, une confiance illimitée dans des travaux fondés sur l'expérience; et cependant l'importation d'idées acquises en zoologie me créait une conviction qui me disposait à rejeter plusieurs des conceptions de ces savans. M'aidant de ces idées, j'y puisai des vues synthétiques et des ressources d'explications qui, si je ne m'abuse, me plaçaient mieux sous l'esprit le véritable mécanisme de l'univers.

Dans ces circonstances, je m'interdis de suivre un premier programme de recherches que je m'étais tracé au sujet des applications de ma Loi universelle, de celle qui concerne les faits de la physique proprement dite; et je crus plus

à propos de revenir sur l'essence de cette loi,
d'en revoir les premières données et d'en considérer au préalable la haute et incessante influence, qu'elle est appelée à exercer sur les
choses. Que de puissans enseignemens n'est-elle
point dans le cas de projeter sur tant de questions d'harmonies universelles, harmonies re-
connues en fait, mais comme relations inaper-
çues, et ainsi soustraites à nos perceptions.
Avant d'entrer plus avant dans ces discussions,
il m'importe surtout de me rendre compte du
point essentiellement différentiel d'une physique
à l'égard de l'autre. D'un côté sont des corps
dans un état plus simple; de l'autre, en physiologie, sont ceux d'un ordre infiniment plus
composé.

Je me demande, et j'ai besoin de m'éclairer
sur ce point, si ce plus de facilité, que je me suis
reconnu, dans les cas d'une plus grande complication, à mieux appliquer les principes de ma
Loi universelle, ne tiendrait pas plutôt à ce haut
degré même de complication qu'à mon plus
d'exercice dans les questions de la vie; et j'y
trouve ce motif qu'un *ignotum* bien avéré solli-

citait tout d'abord et pouvait décidément alors rendre utiles et fructueuses les recherches.

C'est là du moins ma pensée.

A l'égard des choses composant le domaine de la physique, dont le vaste ensemble se partage en branches ou sciences particulières, nous nous trouvons tous d'une capacité si disproportionnée à la grandeur du sujet pour l'embrasser dans nos observations, que nous sommes écrasés par l'immensité du spectacle : ainsi chacun des appelés à se consacrer à ce genre d'études devient le savant d'une section spéciale de connaissances, où il se tient exclusivement renfermé.

Cela posé, qu'il y ait, comme pour les *corps organisés*, ces machines si admirables, pour ces totalités bien circonscrites et décidément corps isolés et distincts ; qu'il y ait, dis-je, pour l'univers, pour cette grande unité, pareil inconnu que chez les animaux, un équivalent de leur *ignotum* physiologique, comment chaque savant dévoué à sa spécialité serait-il excité à y songer ? Et cependant de toute évidence cela est ; car il faut bien qu'un semblable *ignotum* régisse, coordonne toutes choses en l'univers, ainsi qu'il arrive de faire à l'*ignotum* physiologique, principe qui, à notre insu, animait les êtres vivans.

Dans cet état des choses, on ne citera aucun physicien qui ait mission de s'occuper de cette vue générale et à qui même il arrive d'imaginer d'y penser; le physiologiste est, au contraire, mieux posé : l'étendue bien circonscrite de son monde distinct et isolé lui permet d'en embrasser l'ensemble. Il croira plus aisément qu'il existe, au-delà des idées faites, au-delà de nos théories insuffisantes et peut-être fausses, quelque chose d'un caractère actif, à découvrir par l'exercice de l'esprit et par le tâtonnement de ces heureux *à priori*, formant les moyens d'inspiration de l'inventeur.

N'est-ce point cela, et je l'ai déjà dit plus haut, qu'il fallait s'attacher à dégager du vague de nos impressions, cela que je voyais nécessaire de chercher à connaître comme étant le point différentiel de l'une des physiques à l'égard de l'autre? Ce caractère différentiel ne se trouverait donc point dans l'essence des choses, mais dépendrait plutôt du degré d'instruction propre au développement de l'humanité, aujourd'hui mieux informée, et qui autrefois le fut bien moins.

Or, ces correspondances aperçues ne montreraient-elles point les physiciens restés en arrière, et les naturalistes sous des allures plus avancées, quant à la grande et l'unique physique, aujourd'hui la physique générale? Et il y aurait une classe de savans qui viendrait prescrire aux naturalistes de s'abstenir d'entrer sur un terrain qu'eux, physiciens, croiraient et diraient exclusivement le leur! Il serait mieux et plus juste, je crois, au contraire, de reconnaître que c'est un problème à devenir propre à qui en a déjà formulé la mise en équation, à qui en aurait le premier pressenti et cherché la solution. Mais les physiciens, embrassant tant de sujets, forment une corporation nombreuse et puissante, en sorte qu'ils se trouvent, de fait, investis de l'influence et de l'action gouvernementale des sciences.

Cependant, pour juger d'aussi haut ces questions, j'accorde que je ne me suis point fait un nom dans les fastes de la physique, et que c'est à peine si je dois au moins invoquer le titre de naturaliste, comme j'en conçois la portée. Jusqu'à ce moment, et encore présentement, l'on se pare avec tant de légèreté de ce nom qui répondrait à celui d'observateur profond de la nature, et que l'on prend pour peu que l'on ait travaillé au dénombrement des corps, que ce devient un titre insignifiant. Tant de personnes se sont occupées de ce dénombrement, et tant de livres en sont remplis!.. Que de naturalistes à ce compte!

Je ne serais donc point étonné que, dans l'insignifiance de ce titre, un physicien puisse se croire en droit de m'interpeller et de me demander *d'où je viens.* Qu'aurai-je à répondre? lui dirai-je que j'ai hanté les lieux où sont répandus les élémens d'une *physique céleste?* Peut-être je le devrais si j'avais produit la seconde partie des applications de ma Loi universelle; mais aujourd'hui j'étonnerais avec une telle réponse, et le sourire de hauts dédains ferait aussitôt justice de cette prétention incomprise.

Cependant, pour le naturaliste *in extenso*, pour un *philosophe de la nature*, cette réflexion serait de droit. La nature est partout, dans tous les milieux, dans tous les points de l'espace, aussi bien répandue au dessus qu'au dessous de nous ; ou plutôt elle est ce tout immense, ce qui est et vit dans l'univers, et ce que si justement on nomme objets de *physique générale*. Sur ce pied, amené à cela de loin peut-être, je me crois et je me dis de la famille.

Qu'il en soit ainsi, voilà le moment venu de répondre à cette question que je m'adresse. Est-ce que je puis invoquer le souvenir d'assez de travaux utiles pour me faire concéder ou du moins pardonner la mission qui résulterait pour moi du fait de l'établissement de ma Loi universelle ? Dois-je me permettre de considérer qu'après d'assez faibles commencemens, ces mêmes travaux se seraient grossis et prolongés au point de ne m'avoir inspiré qu'une bien légitime confiance dans la publication de mon principe, *Loi universelle* ?

C'est cela que je veux débattre et peser mû-

5.

vement. La gravité de la question, sa nouveauté, son influence phénoménique en tous lieux et en toutes circonstances, le réclament : cela m'engage dans l'interruption de la série de mes recherches (*Études, etc.*) et me jette dans les soins d'un commentaire que je crois nécessaire. Tel sera l'objet du présent ouvrage, *Notions synthétiques de philosophie naturelle*.

Je vais donc essayer ici de protéger le caractère de *ma mission* par le souvenir de quelques succès que je me flatte d'avoir obtenus dans le cours de ma carrière comme naturaliste, divisant ces documens et les rapportant aux trois considérations suivantes :

1° *Caractère et portée de la Loi universelle*.

J'en ai traité pour la première fois au commencement de 1835 (1).

_____

(1) Il arrive souvent qu'après de graves questions soulevées et décidées, l'on se plaise encore au récit de la liaison des idées; je rédige à cet effet la présente note.

Je venais, dans les premiers jours de janvier 1835, de publier mes *Études progressives*, et je les avais terminées par un dernier écrit intitulé *Loi universelle*.

2° *Animaux vertébrés : questions à leur sujet déjà résolues; révélations à y puiser concernant le premier principe de choses.*

Déjà fatigué par ce travail, j'en voulus donner incontinent la seconde partie. C'était avoir trop entrepris : j'étais en outre sous l'obsession d'assez vives contrariétés. Exténué et malade, je pris le parti de me retirer durant le printemps et l'été de cette même année à la campagne : j'allai y fuir le monde et les affaires, afin d'y rester patient en cas d'aggravation de mes souffrances ou pour en chercher le soulagement dans un repos absolu : je sortais d'une crise scientifique et je désirais vivement d'en perdre le souvenir.

Je m'étais privé de mes livres, ma préoccupation n'en fut que plus laborieuse. Une vue ravissante vint faire violence aux froids calculs de ma raison. La renaissance des choses après le sommeil de l'hiver m'enivrait d'un spectacle auquel j'étais d'autant plus sensible que je vivais nécessairement dans un loisir forcé, et que je pouvais remettre à me reposer plus tard. C'étaient tous les feuillets du livre de la nature qui à la fois étaient alors ouverts sous mes yeux. Ces développemens de la végétation, ces apparitions soudaines d'insectes, les productions de l'organisation vivante, remplissant si bien à point, avec tant de mesure, de précision et d'harmonie, une œuvre d'assimilation des fluides émanés médiatement ou immédiatement du soleil, était-ce bien ce principe, cette cause active et incessante que je venais de découvrir et de considérer comme l'agent universel de toutes les formations des corps qui fonctionnaient sous mes yeux? Voilà ce que

Tel sera l'exorde naturel des vues synthétiques de la fin de ma carrière.

3° *Structure des insectes appréciée par le caractère de faits analogues de l'organisation des animaux vertébrés.*

Controversée à sa naissance (1820) dans le sein de l'Académie des Sciences et même fortement contredite par les plus hautes intelligences d'alors, cette question eut un retentissement à désormais marquer dans les fastes de la science.

j'étais entraîné à venir constater dans l'ensemble de l'opération, ce que j'eus à cœur de ré-étudier dans chacune des élaborations partielles de la campagne que j'habitais. Il n'y avait plus moyen de continuer, à titre de nouvelles recherches, la suite de mes précédens travaux ; à peine si je pouvais suffire aux méditations dans lesquelles je me trouvais alors entraîné. Je laissais tout plan d'avenir pour revoir mes idées des années antérieures et pour rester sous le charme de l'enthousiasme de mes préoccupations présentes. Sans autres ressources que ce grand livre de la nature sous mes yeux, j'écrivis, et j'ai cru à la nécessité d'écrire ces *présentes Notions*. Ceci est contre l'usage : mais ma position, tout exceptionnelle, sera mon excuse et me recommandera à l'indulgence du lecteur.

CHAPITRE Ier.

CARACTÉRE ET PORTÉE DE LA LOI UNIVERSELLE, FOR-
MULÉE SOUS LE NOM D'ATTRACTION DE SOI POUR SOI.

————

Ce que je considère comme formant la notion la plus générale des ouvrages de DIEU,
la cause des causes, est cette manifestation :

La matière est homogène dans son principe (1) et devient diverse (2) en se modifiant

(1) J'entends qu'elle est formée de parties semblables entre elles.

(2) Ce sont d'autres formes que prend la matière,
quand, de son état concret, elle est amenée à son
ordre de plus grande divisibilité possible, c'est-à-dire
parvenue sur la limite de l'infini, quand elle s'atténue
dans une mesure pour nos sens intactile, incommensurable.

Ces fluides, le calorique et la lumière, par exemple,

sous la raison combinée du *temps* et de l'*espace*.

La combustion en divise les parties, si jusque là elles se sont maintenues dans l'état solide,
et les fait éclater en fluides élastiques impondérés. Dès lors ceux-ci se *déploient* en rayon-

qui emploient si peu de minutes dans leur transmission
du soleil à la terre, n'en restent pas moins, à quelque
terme d'atténuation qu'ils parviennent, des *entités :*
notre raison nous prescrit de reconnaître en eux ce
caractère. Cela posé, il n'est sans doute pour l'humanité de plus grands problèmes à débattre et à sou-
haiter résoudre.

Et que je ne me trompe point dans cette vue, que ces
fluides, conservant leur primitive essence d'une substance, soient sortis d'un corps qui se serait comme
émietté par le phénomène de la combustion, ils seront un jour appelés à rentrer dans leur premier état
de matière concrète, ce que je tiens pour possible par
l'emploi de la loi d'attraction de soi pour soi; je
n'aurais, en donnant cette plausible explication, que
raconté une des allures des actions universelles. Mais
c'est trop tôt présenter cette idée.

Car, très certainement, les physiciens sont là pour
démentir cette proposition, pour la considérer peut-
être comme une rénovation de la recherche de l'absolu,
et pour ne l'admettre que comme une rêverie établie
sur des *a priori* injustifiables. Ils préfèrent s'en tenir
à leur profond repos d'esprit. Au lieu d'encourager
les efforts de la pensée activement et utilement progressive, il leur suffit de savoir qu'il est au centre de notre

nant dans l'espace : ils s'y amplifient en en parcourant l'étendue, en même temps qu'ils s'y
atténuent dans une raison proportionnelle ; y
procédant dans une voie progressivement dé-
croissante et à l'infini, s'il n'est point de corps

système planétaire un pouvoir vivifiant, et que la terre
recueille industrieusement les apports de cette action
vivifiante ; mais de savoir comment intermédiairement
cela se passe, et par quelles influences incessantes, cela
peu leur importe. Serait-ce, comme aucuns l'ont dit,
par une secrète participation de l'esprit des mondes,
mens agitat molem ? Encore serait-il nécessaire de
chercher à s'en rendre compte.

Mais, au lieu de ces efforts de la pensée, on s'est
plu à faire prévaloir cet axiome, et qui sert de règle :
*mieux vaut la crainte d'errer qu'une participation
malheureuse qu'engendraient les abus de l'esprit.*

Cela posé, combien de dédains pour qui n'aurait pas
été arrêté par cette crainte salutaire ! Or, je suis dans
ce cas. Que faire ? Me résigner, me livrer en victime
aux fins de cette expiation à satisfaire. Je crois à un
service rendu, et me sens d'humeur à redire ce mot mis
en tête de la plupart de mes ouvrages : *utilitati.*

Ainsi, j'arrive à cette triste préoccupation d'esprit ;
je me vois en danger de déconsidération, privé peut-
être des souvenirs que j'aurais pu conquérir comme
zoologiste.

Cependant, ce n'est point de cette manière que se
calculaient des dévouemens à la Curtius.

Je me rassure.

solides pour en supporter le choc, les dévier et en changer le cours.

L'électrisation, ou le mode d'exécution de la loi d'attraction de soi pour soi, recueille ces fluides au moment de leur choc sur les corps solides, les *reploie* pour les faire retourner à solidité ou médiatement ou immédiatement, agissant ainsi, s'il y a cas *d'affrontement* de substances identiquement semblables, et en vertu du fait d'essence que la matière tient du caractère de sa propriété innée ; telle est sa nature, telle sa tendance qu'elle s'attire énergiquement, sous cette raison d'affrontement ; fait aperçu par les philosophes, et signalé par eux dans cet axiôme : *Natura semper sibi consona*.

L'univers se maintient stable et dans son état de vie éternelle par la puissance et l'alternance des actes de *combustion* et d'*électrisation*, au moyen desquels la matière est sans cesse transformée, continuellement renouvelée, successivement déformée et reformée, de nouveau déformée et réagglomérée ; d'où lui vient son état de vive, éclatante et perpétuelle jeunesse.

Je me garde d'insister davantage sur ces

idées cosmologiques, théologiques et philosophiques, qui, dans tous les âges, ont plus ou
ou moins captivé, exalté et développé la pensée
humaine. Je dois, pour le moment, me borner
à détacher de ce faisceau de nos connaissances
le sujet de mes propres conceptions, dont je
donne la découverte comme certaine, et que
par conséquent je me crois en droit de signaler
comme un premier principe des choses : *Loi de
l'attraction de soi pour soi.*

Quels sont le caractère et la portée de ce
principe?

De sortir du sein de Dieu, comme l'une de ses
principales émanations, et d'être, après cette
Cause des causes indéfinissable, incommensurable, impénétrable, toutefois quelque chose de
sensible et de manifeste pour la pensée humaine,
une révélation de la plus tranchante manifestation de la Divinité, puisque cette haute perception nous livre l'essentialité du caractère de
l'univers, par la notion d'un premier principe,
présent partout, partout en action. Car cette
donnée de l'essence des choses est, ainsi que

l'incomprise, l'incompréhensible nature de
Dieu, un pouvoir incréé, éternel, qui a pris
place dans les mondes, qui s'y propage, qui les
pénètre, qui doit constituer, qui est et qui sera
le principal agent de l'éternité; esprit et non
substance; abîme sans fond si l'on en cherche
l'origine, mais essence près de nous, qui se présente comme un mode à notre usage, qui se
comporte comme une réalisation à notre portée,
qui devient une certitude pour notre intelligence, enfin un *fait*, le grand *fait* que l'on
pourrait traduire, y appliquant nos formes de
langage, et dire l'*ame universelle* de la nature.

Pour que nous admettions ce principe comme
auteur, instaurateur, conservateur et réformateur
de ce qui existe en tous lieux, dans les parties
prochaines ou reculées de notre planète; pour
que nous le reconnaissions comme terrestre en
ce qui touche les attributs de la terre, humain
en ce qui concerne les données de l'humanité;
pour que nous puissions en apprécier la raison
efficiente et toute sa valeur en grandeur, puissance et portée d'universalité, il n'est plus que
ce trait à produire et qui en complète la dé-

monstration : c'est qu'il s'empare de notre imagination, qu'il subjugue notre raison, et qu'il
apparaît lucide à notre pensée, comme le FAIT
NÉCESSAIRE de l'existence des mondes.

C'est par cet exposé de mes vues synthétiques
que j'ouvre ce chapitre. Et dès lors que d'esprits
positifs en prendront sujet de me reprocher
que c'est inopportunément intervertir les usages, agir par des procédés d'*a priori* et abandonner les voies d'analyse, d'ordre et de démonstration, les seules bonnes, recommanda-
bles et recommandées! Mais j'ai réfléchi à cet
état insolite, à cette nouvelle combinaison. Si
j'agis autrement que d'ordinaire, cela m'a paru
inévitable et m'a été commandé par la nouveauté de ma position.

Ne m'étais-je point soumis, récemment, dans
cette même thèse, et quand j'ai écrit mon morceau *Loi universelle,* soumis à la règle d'expo-
sition des idées scientifiques? Qu'en est-il résulté?
—C'était nouveau, très difficile à comprendre
du premier jet. On n'y a pas regardé, et tout
aussitôt a dominé dans les hauteurs scientifiques

ce sentiment dédaigneux : *Nous ne compre-
nons pas, et conséquemment nous estimons
que.... etc.!*

J'étais donc bien averti : il fallait d'abord
provoquer le désir d'un examen attentif ; j'ai
cessé d'écrire dans les formes reçues et pour les
savans de profession. Un seul moyen restait à
ma disposition : j'y ai recours présentement.

Je ramènerai sur ces nouvelles idées les savans qui, aujourd'hui, les redoutent presque,
comme dérangeant des combinaisons faites dans
leur esprit ; je les y ramènerai à la suite d'une
autre classe de penseurs.

A ceux-là les travaux scientifiques n'arrivent
qu'hérissés de difficultés techniques : c'était
trop aussi les négliger. Ces hommes, aux vues
synthétiques, ne diffèrent de ceux qui se
posent comme les seuls et vrais interprètes des
grands phénomènes de la nature, ne diffèrent
que parce qu'au titre de philosophes, poètes et
théologiens, ils étudient autrement, d'une manière plus générale les règles, les effets, toutes
les manifestations phénoméniques de l'univers.

Si, pour les philosophes aux vues synthétiques, les détails, les délicates démonstrations et l'écha-faudage des appareils techniques des sciences diverses sont lettres closes, en revanche ils apportent, pour arriver par une autre voie au même but, à des révélations, à des jugemens concernant la philosophie naturelle, ils apportent d'immenses facultés de logique, de rationalisme et de netteté lucide dans leurs aperçus et sentimens généraux des choses. Car mieux et plus prestement peut-être que la plupart des physiciens, ils conçoivent l'à-propos et le concert réciproque des grands événemens qui se passent dans l'atmosphère, et dont l'actualité produite à leur observation leur apparaît comme un effet *obligé* d'engagemens et de luttes incessantes. Ce sont dans de très hautes combinaisons d'esprit des faits qui s'accomplissent et qui aboutissent à un résultat de causalités providentielles. Ce qui vient féconder et raffermir cet emploi réfléchi et synthétique de la pensée, c'est l'intelligence de la doctrine des *faits nécessaires*, ce mode puissant de pénétration et de prévision à l'usage des inventeurs.

Ainsi ce devenait pour moi une nécessité que l'emploi de ce langage par aphorismes, que ces propositions dogmatiques dont je viens de faire usage. Je l'adresse aux seuls juges sous la bannière desquels je souhaite me placer : mais en même temps je n'oublierai point que j'aurai un jour à rendre compte aux physiciens de la rigueur de mes termes, dans le cas qu'on songeât chez eux à en faire un examen analytique. Je me suis mis en garde contre l'abus de ces décisions trop usuelles, où l'on se contente d'un aperçu ayant le caractère d'un à peu près vrai.

Je viens de rattacher le principe de la Loi universelle, ou du moins sa portion d'influence que j'exprime sous le nom d'*attraction de soi pour soi* aux données qui régissent de toute éternité les actions, les formations diverses, les transformations et généralement tous les mouvemens vitaux de l'univers.

C'est sous l'empire de l'exercice de ces relations des choses que la terre, à un moment donné des temps providentiels, ayant eu son écorce conditionnée dans l'état actuel, et son

atmosphère constituée par les fluides 0,21 oxi -
gène et 0,79 azote, que l'homme a pu apparaître,
et que , récente création pour sa planète , le
dernier terme de l'animalité en progrès, il s'est
trouvé durant un certain nombre de siècles le
sujet et le témoin de tout ce qui fut et de ce qui
est autour de lui.

Or, que de manifestations d'effets, roulant et
s'étant précipités pendant le cours de l'éternité,
l'auront affecté depuis son avénement comme
habitant de la terre! C'est, ou connu de lui plus
ou moins vaguement, ou tout-à-fait à son insu,
qu'il s'est trouvé aux prises avec le travail incessant de la loi d'attraction de soi pour soi.
Quelles impressions en a-t-il ressenties! quelles
révélations , plus ou moins obscures , plus ou
moins étudiées sur ce sujet auront donné leur
direction à l'action progressive de la civilisation?
C'est à réfléchir et à déterminer.

Et en effet , ce quelque chose dépendant
d'*électrisation*, de ce système d'attraction,
continuellement en exercice par *l'affrontement
phénoménal et l'engagement réciproque de*

6

soi *en correspondance au devant de* soi, cet
ignotum de la physique générale, fut, pour
l'homme, chose à sa portée et de consommation
à son insu dans tous les temps, et à toutes les
heures de ses perceptions possibles; c'était d'une
application immense, puissante, infinie comme
l'espace. Son mode d'action s'étend à tout,
s'insinue partout, crée le mouvement sur un
point, ou bien l'interrompt pour le transporter sur un autre. Tel fut et tel est toujours
le seul mode du réglement des choses, péné-
trant les mondes, soit toute masse solide, soit
chaque sorte d'atmosphère.

Ainsi, dans le monde soumis aux investigations du genre humain, ce mode d'action gou-
verne, au dedans comme en dehors, les corps,
quels qu'ils soient; *minéraux, végétaux et
animaux.* A chacun de leurs points moléculaires, ce principe assigne son rang, sa relation;
sous son influence, l'ame vibre et la pensée s'a-
vive dans les organisations douées d'intelligence.
C'est un pouvoir incessant dans son activité,
qui se pose vraiment dans l'univers : on dirait
un ministre exerçant toute influence sous l'au-

torité du maître des mondes. Plus j'en considère
la puissance de pénétration et comme d'infiltra-
tion, et plus je lui vois développer le caractère
d'un germe primitif et fécond pour toutes les
vices répandues dans l'univers.

Oh! que ceux qui craignent la domination
exclusive du sensualisme, que les opinions favo-
rables à l'idéalisme, se rassurent! Ce principe,
commencement de tou.. ce qui existe, étant en
tout et partout, ce premier principe des choses
intervient comme ferait une substance immaté-
rielle.

Je place ici, avec réflexion, dans l'énoncé
d'une seule et même idée, ces deux termes d'un
contraste à s'exclure. Ils me semblent commenter le caractère d'essence auquel je fais allusion; et au surplus ce n'est point la première
fois que cette idée surgit parmi nous, si vraiment il faut en reconnaître une sorte de personnification (1) dans une vague manifestation
de la vie pratique des choses.

(1) Un mot sur l'éther, si c'était le moment d'expli-

Quand j'insinuai plus haut qu'il y avait déjà une semi-révélation (1) de mon principe, ou du moins qu'on y avait eu recours à peu de chose près dans la pratique, c'est à cette idée de personnification que je faisais allusion.

Il paraît certain que, dans la philosophie transcendante des Grecs, l'on serait tombé d'accord sur l'infaillibilité de sa toute-puissante pratique ; et ce sentiment a tellement pris racine dans la pensée humaine que cette notion a reçu un nom à part.

quer ma pensée à son sujet, donnerait ici un utile éclaircissement ; je ne puis encore me permettre de le produire.

(1) *Semi-révélation !* Je ne puis trop insister sur le caractère de mon hésitation. Doit-on effectivement comparer des pensées philosophiques agitées à vingt siècles de distance?

Analogies et diversités : combien de degrés dans la ligne entre ces deux extrêmes, où viennent aboutir le sentiment et les jugemens humains sur le rapport et le contraste des choses! Dans l'enfance et la maturité de l'âge, l'on voit différemment le même fait. Dans ce sens, j'ai pu parler de *semi-révélation.* Entre les actes du *Destin* et les événemens de la loi d'*attraction,* il y a pour point commun la théorie des *faits nécessaires.*

Ce fut après lui avoir trouvé l'un des attributs de l'esprit de création, et quand peut-être on l'eut reconnu au titre de l'une des personnes de notre grande et sublime unité, DIEU.

Les Grecs, si prodigues de la conception de principes surnaturels, avaient réservé, pour en faire le sujet d'une méditation intime et plus profonde, la distinction de cette personne divine. Ils en plaçaient l'action et l'influence au-dessus du pouvoir de leur Jupiter, qu'ils disaient trôner dans l'Olympe et qu'ils appelaient le maître des dieux.

Mais, à l'égard de cet autre *attribut* de la Divinité, de cette autre face de la grande et sublime *Unité*, DIEU, ce n'était ni la même poésie ni la même légèreté qu'ils rappelaient par les adjectifs *inflexible, immuable, inexorable*, et le nom de ce souverain attribut était le DESTIN (1), le *fatum* des Latins ; ce que dans la

---

(1) Tacite, dans son chapitre de la Destinée et du Hasard, liv. vi, chap. 22, rappelle cette ancienne philosophie : « Les choses humaines seraient-elles, dit-il, réglées par une nécessité immuable, *le Destin*, ou rouleraient-elles au gré du hasard ? »

Déplorant que tout ce qui appartient à l'humanité

suite les dévots musulmans vinrent aussi à personnifier et à révérer comme l'une des natures
du grand Être.

Voilà vraiment l'éternel principe, l'idée mère
dont j'ai déjà fait connaître la principale application dans mes *Études*. Lucrèce vint à en traiter
en détail dans son poème *de Natura rerum*. Il
avait là rassemblé toutes les pensées du grand
siècle de la philosophie, les pensées des Platon,
Socrate, Démocrite, Anaxagoras et Épicure.

Je franchis des âges séculaires pour me rendre
attentif à des faits plus explicites touchant la
philosophie naturelle, lesquels sont venus con-
verger ou aboutir à la notion nette du principe,
Attraction; car quel temps fut plus riche en
saines et sagacieuses doctrines de ce genre que
celui illustré par le savoir des deux Bacon, de

---

soit indifférent aux dieux, et qu'ainsi les calamités
deviennent quelquefois le partage des gens de bien et
les prospérités celui des méchans, Tacite cite, comme
répondant mieux à sa pensée, que décidément « *le
Destin* règle toutes choses d'après les principes et l'enchaînement des causes premières. »

Extrait du livre des Annales, etc., et de la traduc-
tion faite par mon docte condisciple et ami C.-L.-F.
Panckoucke.

Galilée, de Descartes, etc., etc., mais principalement que l'époque où vécurent ces deux
colosses des sciences, Képler et Newton, si
remarquables par leurs œuvres aussi bien ana-
lytiques que synthétiques? L'un en est venu à
méditer sur un pouvoir de *traction*, qu'il juge
le principe de l'enchaînement des corps célestes, et l'autre embrasse la même idée, qu'il
approuve avec plus de timidité et de réserve en
apparence, et qu'il étend, n'en marchant pas
moins à la ferme consolidation de cette large
pensée; car il lui impose ce nom fameux : AT-
TRACTION.

L'attraction, qu'on ne cherche plus à expliquer, mais qu'on emploie parce qu'elle est décidément l'idée qui domine la science, l'attraction est le principe sur lequel la pensée humaine
s'exerce depuis deux siècles, qu'elle remanie de
toutes les façons, qu'elle rapporte tantôt à une
force occulte qui débarrasse de toutes recherches, et tantôt à l'action d'une volonté ou intervention divine, et qui, soit l'une, soit l'autre
de ces causalités, dispense de justification et

de recherches ultérieures ; l'attraction, dont nous avons si à cœur d'obtenir l'intime et la lucide notion, ne serait enfin qu'une opinion très avancée, mais toutefois une supposition, si cette conjecture ne se présentait consacrée et élevée à une démonstration rigoureuse par les hautes facultés de la géométrie.

Et en effet, du jour où parut l'une des principales rédactions des idées newtoniennes, dans le livre de l'*Optique*, il demeura acquis et comme définitivement révélé à l'humanité que les plus grandes portions répandues dans l'univers, que ces parties formant autant de mondes à part, semées avec profusion dans les cieux, quel qu'en fut l'isolement, reconnaissaient néanmoins pour mode d'action, pour cause de leurs mouvemens, cette règle si savamment calculée et démontrée infaillible par une observation attentive, cette règle dite *la raison directe des masses, et celle inverse du carré des distances*.

Voilà donc que, grace à la confirmation du génie des mathématiques, l'esprit humain obtient un principe d'explication universelle, qu'il pénètre dans les desseins de Dieu et se trouve connaître la relation mutuelle des corps célestes, ou du moins leur marche, conséquence de cette relation ; car, il n'en faut plus douter, ces corps sont faits en vue les uns des autres, sont dans des dépendances réciproques ; ils se correspondent et ils n'avancent dans l'immensité de l'espace que suivant ce qu'en décide le principe de leur pesanteur respective (1).

Comme si chaque chose avait la conscience de sa capacité et de sa propre puissance, elle obéit à ce fait d'essence tout aussi exactement dans les hauteurs des cieux que de la même manière à la surface de la terre : l'ordre des pesanteurs spécifiques devient aussi la raison d'existence et de superposition des moindres fragmens terrestres, pour ranger ce qu'une cause quelconque aurait déplacé et lancé hors de son assiette ordinaire.

(1) Les termes *gravitation* et *attraction* expriment la même pensée : voyez le dernier paragraphe de mes *Études*, où cette proposition est développée et démontrée.

Ce qui est ainsi au titre d'un fait observé, ce fut bien plus tôt dit que compris. Les géomètres inventeurs ont laissé aux grands géomètres leurs successeurs, dans ces grands et sublimes rapports, un vaste et profond sujet de méditations ; ceux-ci ne manquèrent pas de rapporter ces hautes révélations à un grand fait de causalité de la nature : ce fut à l'expression d'essence et de l'éternité des choses. Ainsi cette pensée de Dieu descendue sur la terre, elle se produisait, elle nous était communiquée, et, à un jour assigné dans les décrets de la Providence, elle fut nécessairement réglée par les degrés de notre civilisation ; actualité de l'esprit humain.

Laplace s'est hâté d'en finir avec la théorie newtonienne, en comblant la lacune qu'y avaient laissée les apparentes aberrations de la lune, et jusqu'à lui non encore ramenées à la règle ; et il a fini par écrire l'histoire de la physique des cieux dans son ouvrage *le Système du monde*.

Quant à Lagrange, tout entier à ses réflexions sur la grandeur des sujets inventés et des génies

pour un nouveau physicien à découvrir quelques
circonstances des choses, surtout si l'on parvient
à établir qu'elles ne sauraient s'encadrer dans les
pensées de notre grand philosophe, qu'il faut
commencer par se défier de l'abus de ces pré-
tentions. Mais ces explications ne pourraient être
produites : il y a ensuite à y donner cette attention. Les théories de Newton doivent conserver
le cachet de leur temps ; vous ne pouvez leur
demander davantage. Tenez-les pour incom-
plètes, c'est inévitable qu'il en soit ainsi ; les
remanier et chercher à en faire coïncider les
parties en désaccord, formait selon moi le seul
parti à prendre.

Ce fut le sentiment de Laplace, au sujet de la
curieuse expérience dans laquelle l'interférence
de deux rayons lumineux créait l'obscurité.
Laplace comprenait qu'une explication à ce sujet
ne cadrait point avec les idées de Newton sur la
lumière, et toutefois il inclinait à espérer ce résultat, à attendre cette solution du temps, plutôt
que d'admettre, comme on l'en pressait vivement, à tenir ce fait isolé et jusque là encore

inexpliqué, comme devant vicier entièrement les théories du grand géomètre.

Ce n'est point du tout la méthode usuelle en ce moment qui pourrait m'engager à prendre parti dans une aussi sage réserve ; car on compte en nombre considérable les travaux de notre époque sur l'électricité, le galvanisme, etc. Chacun à part peut fournir, et, je crois, donne réellement ses faits à un excellent traité sur un point des sujets observés ; mais ce sont autant de faits curieux si divergens que l'on est le plus souvent en nécessité de les déposer dans plusieurs arrangemens théoriques. On souhaite et l'on s'essaie effectivement à les grouper par nature de même sorte ; mais, quoi qu'on fasse, personne ne les a considérés d'assez haut pour qu'il n'y ait pas autant d'explications que de chapitres isolés.

Et de là résulte ce grave inconvénient, l'idée qui domine la science et qui détruirait effectivement les admirables inspirations de Newton sur l'attraction (1). La partie fondamentale de la

(1) L'un des plus profonds de nos académiciens et peut-être le plus aimé de tous pour l'excellence de son cœur, le célèbre Ampère, serait-il passé aux idées nou-

pensée de notre maître a tous serait vraiment ébranlée, altérée, décidément mise en question.

C'est cette opinion qu'on cherche à faire prévaloir, ce sentiment à éprouver, si décidément les conditions d'établissement et du jeu des choses dépendent des deux forces antagonistes, *l'attraction et la répulsion* (1).

velles sur l'attraction ? Et l'imagination brillante de son fils, *Jean-Jacques,* aurait-elle accordé trop de portée au passage ci-après ? le fils aurait-il effectivement à regretter ou son trop de précision ou son trop d'étendue attribuée aux pensées de la tradition paternelle ? On connaît cette admirable CONTEMPLATION du poète, fils du géomètre et grand physicien ; composition des deux genres *littéraire et scientifique,* qu'on lit dans la *Revue des Deux-Mondes,* cahier du 15 avril 1835.

Le poète y célèbre les profonds travaux du savant. Or toute ma sympathie est acquise aux beaux vers suivans :

> Du Christ de la science annonçant la venue,
> Képler, du tabernacle avait ouvert la nue ;
> Alors, du dieu voyant adoré par Platon,
> Le verbe se fit homme, il s'appela NEWTON.
> Il vint, il révéla le principe suprême,
> Constant, universel, un comme Dieu lui-même.
> Les mondes se taisaient, il dit : ATTRACTION.
> Ce mot, c'était le mot de la création.

(1) M. Peltier, l'habile physicien dont l'Académie

La tendance des travaux particuliers porte présentement de ce côté ; car, sans qu'il n'y ait de décision prise en commun, et bien qu'aucun esprit synthétique ne l'ait reconnu nécessaire, on voit chaque science agir séparément : il semble qu'il suffise que chacun y trouve le mieux son compte ; on s'affranchit d'un lien commun, et principalement de la vue unitaire de l'attraction. Le système de Newton reste délaissé, comme oublié.

des Sciences reçoit fréquemment d'intéressantes communications, a résisté à cet entraînement. Il ne croit nullement à l'existence de deux fluides *essentiellement* distincts ; car (communication à la date du 12 octobre 1835) il s'en explique formellement, en rapportant le résultat de quelques expériences qu'il venait de faire au sujet de la conductibilité électrique des fils métalliques ; expériences tendant à démontrer que l'on avait trop tôt et trop souvent conclu d'aperçus particuliers à l'universalité d'une théorie contre la généralité de laquelle son examen plus approfondi des faits réclame.

Il y a des faits d'attraction et des faits de répulsion, mais non deux causes séparées pour les enfanter. Toute répulsion est elle-même le produit d'une autre sorte d'attraction.

Ceci est déjà commenté dans une note de mes *Études*, page 160.

Car, dans le *Discours sur l'étude de la philosophie naturelle* du célèbre Herschell, ceci est définitivement donné comme un fait accompli. Or, je tiens d'autant plus à citer ce témoignage que je ne sache point d'ouvrage plus profondément pensé sur les sciences, mieux au courant et plus remarquable par l'éclat et la lucidité des idées. En effet, je lis, dans l'article n° 268 de ce Discours, cette proposition :

« L'attraction et la répulsion sont des forces qui agissent avec une grande énergie. Principes sur lesquels reposent et la constitution immédiate des corps et la plupart des actions que ces principes exercent entre eux , ils sont compris sous la dénomination générale de *forces moléculaires* (1). »

(1) Admettre de telles *forces moléculaires,* cette abstraction conjecturale qu'on fait consister en deux essences de nature contraire, et s'y arrêter comme à des principes consacrés sur le sentiment de la propriété intime et innée des corps, c'est, suivant moi, en venir à tuer tout esprit de doctrine unitaire, c'est s'exposer qu'à chaque apport de faits nouveaux il faille remanier les théories déduites d'anciennes observations.

Ainsi, par exemple , la théorie de la grêle est dans

Ainsi, la physique proprement dite viendrait s'appuyer sur deux forces occultes, justement

ce cas : car une seule et nouvelle communication rapportée dans le *Compte-rendu* de l'Académie des sciences (publication de 1836, page 326) oblige à reconnaître qu'on n'est nullement parvenu à vaincre les difficultés d'un tel problème. Au dire de M. Arago lui-même, un mémoire de M. Lecoq sur la matière donne des *observations qui ne tendent rien moins qu'à renverser de fond en comble la célèbre expérience de Volta.*

C'est cela qu'attend et où doivent atteindre toutes nos théories sur l'électricité, tant qu'elles seront basées sur la croyance de deux *forces* qui se balancent dans leur égalité d'essence et de puissance, *l'attraction et la répulsion.*

Cette occasion se présente pour nous fournir un exemple à l'appui de nos idées : saisissons-la.

Dans les observations communiquées par l'un des plus savans naturalistes de Clermont en Auvergne, M. Lecoq rend compte de violens orages ayant ravagé le Puy-de-Dôme les 28 juillet et 2 août 1835. M. Lecoq s'explique sans idées préconçues comme sans prévention ; et sur l'une de ses observations, l'ayant faite du sommet de sa plus haute montagne.

Deux lignes de nuages tombent en équerre sur le Puy-de-Dôme, une série étant partie de l'ouest et l'autre du sud ; et, menées par des vents violens, elles viennent dans la campagne de Clermont se choquer et éclater. Voilà ces nuages dirigés et tenus au phénomène de l'*affrontement :* et dès lors sont toutes consé-

quand la physique des corps organisés ou la *physiologie* cherche à briser ses anciennes

quences à l'avenant; attraction réciproque de leurs parties similaires, formations météorologiques, éclairs immenses, pluies abondantes; puis des grêlons d'une grosseur prodigieuse. Les grêlons, dit M. Lecoq, lui paraissent mus par actes de répulsion, les uns, parce qu'ils *s'échappent par dessous* les nuages, lesquels s'amoncèlent dans le lieu central de la scène, et les autres, de ce qu'ils *sortent par dessus*.

Là sont pour une doctrine unitaire deux manifestations différentes *d'attraction de soi pour soi. L'affrontement* a placé face à face toutes les parties exactement similaires des deux files nuageuses, celle-ci venue de l'*ouest,* cette autre du *sud*. Or les seules parties similaires sont employées sur le centre et converties en de certaines substances qui constituent des torrens de pluie; les autres parties dissemblables réclament emploi, et ne le trouvent qu'en haut et vers le bas des nuages amoncelés, quand elles vont chercher dans l'atmosphère des élémens à leur égard de même nature. C'est un autre soi sorti des files nuageuses qui ne peut rencontrer un soi qui lui corresponde que dans l'atmosphère, pour y prendre aussitôt le caractère de l'affrontement, s'attirer mutuellement, et, dans le cas dont il est ici question, apporter des matériaux à la formation des grêlons.

Dans l'allure de ces files nuageuses sont des gaz d'une file à l'autre de même sorte; ils s'attirent et sont convertis en une nouvelle matière : ainsi s'ac-

7.

entraves et à se soustraire à la prétendue ordonnée, à la puissance de la *vitalité*, cette plus
inconcevable force occulte dont on a tant abusé
et dont on abuse encore si souvent tous les jours.

Je reproduis ce que j'ai dit plus haut : mettre
sur la même ligne et comme en pendant cette
autre *prétendue essence*, la RÉPULSION, c'est
faire descendre du haut de son trône la grande
création du génie des Képler et des Newton,
c'est la rabaisser au niveau d'un fait particulier
d'observation, c'est lui ôter son caractère d'universalité, c'est tout embrouiller en croyant pro-
gresser, en se donnant comme inspiré par l'a-

complit le phénomène d'attraction. Mais quant à ceux
des gaz qui ne rencontrent point d'une file à l'autre
leurs correspondans, et, s'ils en vont chercher dans
l'atmosphère de tels, leurs co-similaires, ils semblent
fuir le lieu de la scène, ils paraissent agir par voie
de répulsion, et cependant ils ne font que céder à
une autre manifestation qui rend toujours de la même
manière le principe pratique de la loi de soi pour soi.

C'est le cas de répéter comme à la fin de la note
précédente : Il y a des faits d'attraction et des faits
d'apparente répulsion, mais non deux causes séparées
pour les produire. Les deux sortes d'électricité dépendent donc d'une semblable raison phénoménique.

perçu de quelques fines observations, dont l'on n'a, certes, point encore la véritable explication.

Mieux vaudrait rétrograder et s'en tenir à d'anciens aperçus de l'heureux enfantement de la philosophie naturelle.

L'attraction fut l'objet d'une autre attaque; mon Introduction ou le *Monde des détails* entrevu par Napoléon, expose sous quel point de vue; mais du moins ce n'est pas sous les coups affaiblis de sciences spéciales en voie de rétrogradation à ce sujet. C'est une pensée de génie qui s'en vint reprocher au premier âge de cette vue des sciences sa mesure d'insuffisance; ce fut quand Napoléon, usant de réserve, accepta le sens attaché au mot d'*attraction* : car nullement disposé à l'adoption de cette expression pittoresque :

Ce mot, c'était le mot de la création,

tout au plus Napoléon croyait-il à l'exactitude de cette autre proposition :

Il révéla (Newton) le principe suprême,
Constant, universel, UN comme Dieu lui-même.

Et au contraire, il n'admettait pas que l'attraction fût par extension donnée comme l'expresse, la sublime explication du *Système du monde*, quand il eût fallu, selon Napoléon, n'y voir qu'un fait du monde astronomique.

Cette distinction, nous en sommes redevables à la finesse d'esprit, à la sagacité toute en profondeur du guerrier législateur, à qui le loisir de continuer ou de commenter Newton ne fut pas accordé, qui en conçut l'idée à l'âge de quinze ans, mais qui, courant sur le plus pressé des besoins de l'humanité, reçut et accepta en revanche la mission de ramener à vigueur et jeunesse le cours des destinées humaines, périssant sous le faix d'un passé décrépit et dès lors nécessairement réformable.

Nous n'avons plus à revenir sur le moment et la manière des inspirations scientifiques de Napoléon ; nous nous en sommes expliqué dans l'Introduction qui forme la préface de cet opuscule. C'est avec sa fermeté d'esprit ordinaire qu'il en vint à remarquer que Newton n'avait que préparé d'une manière sans doute admi-

rable , indirectement toutefois et incompléte-
ment, les esprits aux plus hautes révélations des
choses. L'illustre guerrier manifestait ses regrets
de ce que Newton eût abandonné aux âges
futurs l'immense et complétive étude du Monde
phénoménal , son *Monde des détails* , cette
étude comportant , disait-il , l'élément du problème de la vie de l'univers, et devant enfanter
un savoir plus grand et surtout plus profitable
à la société qu'une spéculation philosophique.

Spéculation philosophique. C'était sans doute
aussi beaucoup trop restreindre l'étendue de
vue et les conséquences de la pensée de Newton ;
mais ce qu'il est rapporté dans ce jugement des
applications pratiques du Monde phénoménal à
découvrir, reste du moins d'une immense portée
et annonce un génie long-temps et puissamment
méditatif.

Il est incontestable que l'idée newtonienne,
ce qui était la pensée de Napoléon, manquait du
grand caractère à demander aux choses. Sans
infinité, sans universalité, elle devait être et elle
est restée, jusqu'à ces derniers temps, une vue de

force occulte. A Newton, grand géomètre,
toute recherche des causes paraissait ou pouvait
paraître futile. Il avait su, par l'emploi du calcul,
donner à sa proposition l'appui d'une démonstration rigoureuse.

Cependant viendrai-je, après Napoléon, faire
à mon tour une remarque restrictive d'une
gloire aussi colossale? A Dieu ne plaise que je
m'y porte avec le sentiment d'une offensante
intention! mais je discute; et l'immuable caractère de la vérité oblige le logicien.

Effectivement, toute magnifique et digne
d'admiration qu'a dû nous apparaître la pensée
newtonienne, étant plus anciennement aussi,
mais non entièrement formulée, la pensée de
Képler; quelle qu'ait été une telle découverte,
inspiratrice et finalement créatrice des lois qui
régissent la marche dans l'espace des corps planétaires; toutes sublimes enfin que furent et
cette vue première et fécondante pour l'histoire
des sciences, et cette révélation si puissante au
profit du progrès et de l'avenir de la civilisation
sociale, ce ne pouvait figurer dans l'ordre et le
développement des idées que comme un sujet

de premier âge : car c'est le caractère que lui apportaient, et qu'y pouvaient imprimer, soit l'heure de sa production, soit son degré d'influence.

C'est ce qu'a compris la souveraine raison d'un génie naissant ; l'attraction newtonienne n'est qu'une idée particulière du *Système du monde*, en tant qu'uniquement à l'usage des astronomes. Belle et importante néanmoins était cette magnifique généralisation du mouvement des planètes : car telle l'avaient *certainement démontrée vraie* les hautes facultés de la géométrie, quand elles se furent exercées sur le principe, *la raison directe des masses*, etc. ; principe alors devenu la réelle expression d'un fait d'essence. Ainsi, nettement dessinés, s'étaient uniquement manifestés les caractères de jeunesse d'un premier âge. Fait d'essence tombé pour notre incapacité intellectuelle dans une mesure de bien fâcheuse impuissance, c'était perdre son caractère d'une loi générale de la nature, ses influence et raison d'universalité, pour le peu que nous appelions sur terre et au

secours de nos explications spéciales le principe
de *l'attraction universelle*, ce premier principe des choses.

Car il resta d'abord et il devait rester confiné
dans les cieux jusqu'au jour où l'action incessamment progressive de l'humanité, servie et
inspirée par des Képler et des Newton, le fût
allé découvrir, et d'où le génie des mathématiques l'avait ainsi et très heureusement descendu et versé sur la terre.

Le savant de chaque spécialité avait pris le
parti de venir s'isoler dans un canton, et comme
d'aller vivre au fond d'un puits à son usage.
Chaque spécialité, par de savantes analyses, a
rendu service, a vu très exactement et très mi-
nutieusement autour de soi. Les finesses de
l'observation sont devenues extrêmes et mer-
veilleuses, jusqu'à faire crier au miracle; et les
observateurs, au fond de leurs puits respectifs,
furent loin cependant d'avoir épuisé leur sujet
d'explorations.

Mais enfin, quant à l'objet qui nous préoccupe,
l'analyse de la pénétration humaine sur *l'attrac-*

tion, nous n'y voyons pas un progrès sorti de son état de premier âge : les grands géomètres sont restés fidèles aux résultats des conquêtes de leur tout-puissant instrument ; les physiciens, que d'autres études détournaient d'une suffisante méditation à cet égard, ont mis à profit de bonnes et récentes découvertes obtenues dans le cercle de leurs spécialités pour en faire une nouvelle clef scientifique à leur usage ; et leur crédit, augmentant au fur et à mesure que s'accroissait la toute merveilleuse finesse de leurs observations, les idées newtoniennes se trouvèrent avoir fléchi dans l'opinion publique, et furent finalement remplacées par une thèse de dualisme.

Or, ce malheur était inévitable ; car ces idées persistaient toujours dans leur caractère d'insuffisance ou de premier âge, parce que personne ne s'était présenté avec la mission de rester sur la limite des cieux et de la terre, c'est-à-dire n'était venu s'y constituer l'observateur synthétique de tout ce qui se passait à la fois dans l'univers.

Napoléon me paraît avoir été seul animé de cet esprit : c'est quand il recommandait la réforme des sciences par cette voie, le *Monde des détails*. Il entendait par là visiblement, selon moi, l'étude simultanée de l'*unité* et de la *diversité*. Il restera donc toujours regrettable qu'une conception aussi vaste, par ce début d'un savant à l'aurore de sa vie, s'en soit tenue à cet éclair, cette manifestation de génie pour les sciences philosophiques.

Tous les esprits synthétiques, et de nos jours ils se multiplient d'autant plus que s'encombrent dans les avenues de la science des faits circonstanciés aussi nombreux qu'inexacts et incompris, qu'y verse sans cesse la foule des naturalistes positifs ou soi-disant tels, comme exclusivement et uniquement descripteurs ; tous les esprits synthétiques, dis-je, réclament aujourd'hui l'avénement d'une doctrine unitaire, qui devienne la conciliation et qui opère la fusion des deux physiques si mal à propos disjointes, la physique des corps bruts et celle des corps vivans. Ces cris, *la science est une, et vous l'avez partagée*, ces cris éclatent de toute part, principalement chez les philosophes. Il faut entendre

sur cela les plaintes amères de Ch. Didier,
par exemple, dans un article, *Paris moderne*,
celles de l'ingénieux et fécond écrivain du livre
mystique, et de bien d'autres encore.

Or, j'ai cru, dès les premiers temps de ma
carrière, et je crois toujours ce plan de fusion
très exécutable; j'ajoute que j'y ai dévoué ma
vie. Je l'avais commencée par des recherches
sur ce principe de zoologie : *unité de composition organique ;* et c'était la terminer dans
la même direction, conformément à cette première ordonnée, alors que je publiai le dernier
morceau de mes *Études*, quand j'en fus venu
à essayer décidément d'enrichir la pensée fondamentale de Newton d'une autre loi secondaire. Celle-ci devrait se concilier avec cette première, *la raison directe des masses*, etc. Nous
verrons plus tard comment cette seconde loi
est auxiliaire et explicative de l'action des corpuscules à très petite distance, comment elle
devient capable d'élever l'*attraction* à un do-
cument de plein et parfait savoir, et procurer
à cette question son progrès du second âge.

C'était déjà une haute fortune pour l'humanité qu'une première connaissance des phénomènes de l'*attraction*, étendant leur application aux cas ou spécialités du monde astronomique. Mais que je passe à un autre âge, que plus tard et subséquemment il se joigne à cette première dotation cet autre bénéfice d'un plus riche savoir, qui vienne compléter la personnalité de ce principe, qui en étende les facultés, la dignité et l'application à toute la nature, qui reçoive d'un fait de propriété, d'essentialité de la matière des devoirs imprescriptibles, qui prenne enfin le prééminent caractère d'une cause universelle ; ce qu'effectivement lui apporte la loi désirable, entrevue peut-être par quelques excellens esprits et réclamée du moins pour faire cesser nos discordantes théories et l'incohérence de tant d'explications diverses, voilà ce que complètent enfin la LOI de SOI pour SOI, la découverte que j'en ai faite et qui prend caractère sous la raison de l'*affrontement* d'une portion de la matière en face d'elle-même, autre portion similaire. Cela posé, je me crois en droit d'affirmer que l'attraction, du point de sa manifestation

dans un premier âge, que nous n'aurions vue
fonctionner que dans les champs de l'astronomie, arrive à nous dans la suite à cet autre
âge de progrès et de force que nous pourrions
signaler sous le nom de son temps de virilité.

A ce moment, je ne pouvais être compris par
nos spécialités scientifiques, toutes comme lo-
gées dans autant d'enfoncemens que de genres
à part ; car, que peuvent-elles connaître de ce
qui ne se passe à la surface ? Dire qu'il n'en est
aucune qui se soit intéressée à la lecture de
mon ouvrage, j'aurais tort : il vaut mieux ra-
conter et mettre ce fait en question. Laquelle
de ces spécialités aurait même été informée de
son existence ?

Mais, tout au contraire, sont sur les limites
des cieux et de la terre, des classes habiles aux
investigations synthétiques, d'autres savans en
philosophie naturelle, qui, cherchant comme
poètes, moralistes et théologiens (1) à s'in-

_____

(1) La seule analyse de mon dernier ouvrage qui
soit venue à ma connaissance, et qui fût faite avec
autant de bienveillance que d'étendue, a paru dans un
Recueil mensuel spécialement rédigé pour les écoles

struire des lois de l'univers , inspirés qu'ils sont
par ce mot fameux de Virgile : *Rerum cognos-
cere causas*. Ces écrivains de l'école philosophique se sont pour la plupart mis en devoir,
non d'étudier, mais de demander un commentaire sur ma Loi universelle ; non d'étudier,
craignant d'y trouver appliquées les formes d'un
langage qui leur est étranger, mais s'intéressant
du moins au rapprochement des deux genres ,
la science et la littérature.

Cette époque est à citer, et je la date du commencement de 1835, moment où j'ai placé à la
tête de l'un de mes écrits ces mots, ce titre :
Loi universelle (*Attraction de soi pour soi*).
Car , avec l'avénement de ce perfectionnement
de la théorie de l'*Attraction* , sont venus con-
courir un définitif assentiment amené par la

théologiques de France. Je n'ai connu son existence et
son titre : *Chronique de la Jeunesse*, qu'après l'honneur
que son auteur , M. Danielo , voulut bien faire à mes
écrits , quand il donna une revue très étendue des
différentes parties de mon volume, les *Etudes progressives*. En outre du talent distingué de ce philosophe
chrétien, le patronat littéraire de M. de Châteaubriand
est accordé à l'auteur comme à son entreprise.

marche de la raison humaine, l'inévitable action de ses progrès continus. Une opinion s'était déjà formée dans la classe des hommes synthétiques en faveur de l'unité philosophique des choses, de telle sorte qu'attendant, pour éclater, son heure propice, à laquelle il suffisait du moindre motif d'excitation, elle s'est trouvée instantanément proclamée par les partisans grossis de cette définition fameuse de l'univers (1) : l'*Unité dans la Variété*. Ma correspondance me fit effectivement connaître un noyau de penseurs qui accueillirent ma généralisation de l'idée newtonienne sur l'attraction.

Le rang éminent de ces penseurs qui m'accordaient leurs sympathies, certes très hautement, leurs bienveillans encouragemens, et que, bien à regret, je ne nomme point ici, retenu que je suis de le faire par un sentiment des convenances, me persuade que ce noyau étendra de plus en plus ses rameaux.

Cependant devrais-je, sur cette espérance,

(1) Pensée de Leibnitz.

risquer de demander l'admission de l'objet de
ma découverte dans le livre de la pensée publique, c'est-à-dire, croyant à son exacte et authen-
tique détermination, risquer de le qualifier et
dénommer? Et en effet, ce serait peut-être le cas
de persister davantage dans cette hésitation, sur
le motif que de mes honorables émules renfermés
dans le cercle des spécialités, et, comme ils le
disent, exclusivement attachés au positivisme (1)
des faits, opposent à ces recherches un silence
désapprobateur. Mais je crois devoir passer
outre; c'est un sujet qui va exiger de moi de
longs développemens, et je ne puis, sans m'exposer à de fastidieuses répétitions, continuer
de le rappeler par de longues et les mêmes pé-
riphrases. Sa définition donnée, je l'exprime
par le mot *Attraction-soi-pour-soi*.

Ce sont deux choses, en effet, différentes que
l'attraction dans sa manifestation phénoménale,
l'une restreinte à sa portée de premier âge, et
l'autre généralisée et conçue applicable à tous

(1) *Positivisme :* on a fait ce mot ; mais en quoi
consiste l'idée qu'il exprime?

les cas de la nature. Celle-là, l'attraction newtonienne, est purement astronomique; telle la
révèle la démonstration qui en est donnée par
cette règle si admirablement appréciée et calculée, *la raison directe des masses et inverse
du carré de la distance.* Ce genre de spécialité
lui fut, en effet, reproché par l'ingénieuse et
profonde remarque de Napoléon. Il y avait insuffisance d'emploi, manque d'universalité; ce que
ne parvenaient pas à compenser et le mérite
d'une admirable spéculation philosophique et
l'éminent savoir des belles et magnifiques applications de la géométrie. C'était effectivement
pour le *grand capitaine* que l'attraction newtonienne ne constituait point un fait vraiment
général qui satisfît à toutes les conditions de
notre planète, qui fournît aux applications de la
géologie et de la physiologie, qui convînt enfin
aux besoins de la vie pratique. *Le Monde des
détails était à découvrir.*

L'*attraction-soi-pour-soi* est au contraire
tout autre chose; elle satisfait aux conditions
de la physique entrevues par Napoléon, et pour-

8.

voit aux explications des *détails* géologiques et
physiologiques ; elle nous fait pénétrer dans les
mystères de la vie , car elle en explique très
aisément aujourd'hui le mécanisme. Une nouvelle école physiologique va s'ensuivre ; j'en ai
déjà donné , l'année dernière, une assez complète démonstration : ce fut l'objet de mon écrit
intitulé *Loi universelle*. Ainsi , ces anciennes
opinions, dites *lois vitales*, et qui constituaient
toujours un vrai chaos, qui plaçaient vraiment
une muraille immense et alors infranchissable
entre la physique des corps bruts et celle des
êtres animés , sont sur le point de s'évanouir,
ces barrières près de s'abaisser. Voilà comment
quelques vues synthétiques, qui ne seraient que
de plus justes rapports à embrasser plus ferme-
ment et qu'il faut dénommer convenablement ,
comment une contemplation d'ensemble, nous
engageront désormais dans les voies d'un riche
avenir, en même temps qu'elles nous rendront
aussi plus clairvoyans sur le passé des siècles ;
car notre pensée s'est accrue d'un puissant
élément d'investigations, capable de favoriser
de plus perspicaces supputations sur l'origine

des mondes , sur le sentiment de leur éternité. L'*attraction-soi-pour-soi* se pose dans
l'univers comme une essence d'un genre jusque
là inconnu, devient néanmoins saisissable pour
notre esprit ; elle remplit l'univers comme *Dieu*
lui-même, s'y montre aussi comme la cause des
causes, et prend l'importance et le caractère
d'un ministre d'une infinie puissance, également
présent et influent partout, inflexible et inexorable, de la même manière qu'on l'a dit du
Destin.

Ce premier principe , suprême émanation de
Dieu, fils de *Dieu*, comme cela se dirait dans le
langage théologique de nos jours, ce premier
principe se porte sur toutes les choses ; il s'impose à toutes ; en sorte que la conséquence de
ces aperçus serait de faire remanier toute la physique , telle qu'on l'enseigne, de la reconstruire
presque entièrement et de faire enfin qu'elle gar-
dât ses faits uniquement, mais non plus leurs
explications théoriques.

Je m'étonne moi-même de ce résultat, et
pourtant j'y arrive, amené, entraîné là par des
déductions logiques.

Cependant, pourquoi ne serait-ce point ? A-
t-on fait un reproche sérieux à Lavoisier d'avoir,
lorsqu'il se fut immiscé dans les domaines de la
chimie, lorsqu'il y eut transporté son nouvel
élément, l'oxigène, d'avoir cédé aux nécessités
de sa position de savant synthétique ? Il a laissé
croasser, s'enrouer et s'épuiser toutes les voix
de la plaine et des marais; et sans y avoir donné
la moindre attention, il s'est mis à l'œuvre. Et
l'on sait quelle œuvre est sortie de l'enfantement
de cet esprit de lumière!

Je me laisse entraîner par une juste sympathie
et les hommages dus à un aussi grand nom.
Mais viendrait-on à en inférer que j'ai, un seul
instant, songé à une application qui me fût personnelle ? Non, certes. A Dieu ne plaise! je
m'en défends, et tiens à en fournir de suite la
preuve; car je ne puis trop tôt essayer de me
faire pardonner ce tort apparent, l'idée que
j'aie cru m'être placé dans cette haute position.
Je tiens effectivement à montrer que je n'ai ni
prétention ni position semblables. Il est bien
vrai qu'il est dans l'essence de la Loi universelle, et que ce sera dans sa destinée d'o-

pérer un aussi grand événement, de faire cette révolution, et en définitive de verser au sein de l'humanité les merveilles de cette révélation lucide et concluante, de cette sorte de conquête pour la philosophie naturelle. Mais cette belle loi n'est nullement une création de mon esprit : je n'y figure, en la disant loi d'*attraction-soi-pour-soi*, que pour sa distinction et sa dénomination. Je lui ai procuré ce nom pour qu'elle s'encadrât dans le langage scientifique de nos jours sous le caractère de spécialité qui lui appartient. J'en viens donc rendre l'idée et l'honneur au véritable inventeur, à l'illustre disciple de Tycho-Brahé.

Ce n'est point sans dessein que je place ici ce mode de transition. Tycho-Brahé termina glorieusement les temps d'un premier âge pour l'astronomie ; à lui et par lui a fini la série des astronomes qui s'étaient fait une loi de ne pénétrer nullement dans les secrets de la nature et de s'en tenir à calculer les mouvemens apparens des astres. Une ère nouvelle commence par les soins de l'admirable disciple qu'il affectionnaît, de Képler, dont il méconnût cependant la grandeur intellectuelle. Le vieil astronome faisait valoir l'ascendant de l'âge, de sa qualité de maître et de sa haute position sociale pour réprimer les élans et les feux du génie de son disciple. Comme à Copernic, dont il combattit le système, il lui parla sévèrement ; il condamna ses vaines spéculations, qu'il traitait de folies ; sublimes inspirations, qui, d'après la remarque de Bailly, se trouvent avoir doté la postérité des immortelles lois dites de Képler, et qui ont fait écrire au célèbre Kœnig qu'elles avaient fondé la philosophie naturelle et causé l'avénement de Newton. Képler, visant à la recherche des *causes* en physique générale, qu'on affectait autour de lui de déclarer surnaturelles, et se flattant d'en venir, par les tâtonnemens de ses nombreux *a priori*, à pénétrer la pensée créatrice, comprit qu'un premier principe, expression de l'essence des choses, était l'agent *suprême, universel,* un *comme Dieu lui-même.*

A Képler, à ce génie créateur, il fallait des causes physiques pour tous les mouvemens. De là, ses conjectures, s'il y avait une ou plusieurs *ames motrices* dans le soleil et les astres ses analogues. Il admettait, sous le nom de *forces tractoires*, ce que Newton vint plus tard appeler *attraction*. Ainsi, ce grand homme avait déjà posé ce même principe, qu'il avait donc étendu à tous les cas, du moment qu'il eut insisté sur son caractère de pleine universalité, en proclamant *notre* principe : la pesanteur, vint-il à dire, est la loi universelle de la nature.

Notre principe! je me serais oublié jusqu'à donner cette locution! Je ne pensais en cela qu'à l'emploi de ma nouvelle dénomination; il n'était *notre* que sous ce rapport. Cela gît en fait, car l'identité des deux idées nominales a été vraiment démontrée dans les réflexions que je tiens pour bien établies par les conclusions des derniers paragraphes de mes *Études progressives*, p. 185 et 187, donnant, non dans l'esprit de la grammaire, mais astronomiquement parlant, comme synonymes, les mots *attraction* et *gravitation*.

Cela posé, les mots *attraction* et *gravitation* ayant été entendus dans un sens absolu, Napo-

léon n'avait pas la même objection à faire à
Képler qu'à Newton. Ce point de départ,
l'universalité présumée, lui apportait contentement, soit à sa philosophie, soit à son *Monde
des détails*. Cependant, à l'égard de Képler,
cette proposition généralisée ne consistait qu'en
une opinion forte et puissante *a priori ;* mais
c'était celle d'un homme de génie. Arrivé un
demi-siècle après, Newton, autre et non moins
profond penseur, Newton, qui fut aidé des
travaux ingénieux et multipliés de son prédé-
cesseur, avait avancé, sous un autre rapport,
immensément la question ; car il se trouva avoir
créé un système achevé, complet ; bonheur qui
n'arrivera, selon le mot de Lagrange, à nul
autre de goûter, d'égaler.

Toutefois, ceci ne détruit pas la judicieuse
remarque de Napoléon : ce n'était point le système du monde, comme on l'a dit, mais un
système d'astronomie qu'avait découvert Newton. La question était restreinte à ces termes ;
car, qui est venu démêler, dans cette grande
et magnifique découverte, ce point de fait et

signaler son caractère d'insuffisance? Ce fut un enfant de quinze ans ; mais cet enfant, c'était le génie naissant de NAPOLÉON.

Le bonheur de Newton fut d'avoir réussi à fonder sa loi d'attraction, en l'éclairant et en l'appuyant d'une loi secondaire; celle s'employant à la mesure du mouvement des corps planétaires, c'est-à-dire de ces corps réciproquement attirés par d'autres *semblables* et à de très grandes distances. Il y eut pour cela la règle dont il a été, plus haut, question ; il en fallait une autre, non moins énergique, non moins inflexible et précise, pour les corps menus, et s'attirant à de très petites distances. C'était à puiser dans une aussi juste notion des propriétés de la matière. Or, sur cela, je ne pouvais m'égarer ; car il est une maxime en philosophie, le fruit de l'expérience des siècles : c'est ce cri de la conscience publique et que Newton exprimait pour son compte par ces mots : *Natura semper sibi consona.*

Or, ceci ne veut pas dire uniquement que toutes les parties de la matière sont réciproque·

ment semblables, mais qu'il existe en elles tendance à être ramenées à une convenance d'identité. Sont du domaine de la nature, et par conséquent choses naturelles, toutes celles existantes, *tout ce qui* EST, toute substance quelconque, ses mouvemens, ses divisions à l'infini, ses résolutions en fluides, tous les degrés et cas d'agglomération et de densité. Or, cette idée, les philosophes l'ont prise et déduite du sentiment, que tout est réglé et coordonné avec une simplicité et une harmonie parfaites; de ce que tout, en définitive, aboutit à cette somme de convenances réciproques, à cette conformité, au terme d'une matière élémentaire, homogène et universelle, laquelle, dans le cours de sa circulation, passe à l'état de la plus extrême atténuation, et que nous appelons dans ce cas *lumière*. Ce fluide, arrivé à ce haut degré d'atténuation, sort des grands corps du firmament embrasés; il circule d'un soleil à ses analogues, d'une étoile à une autre étoile.

Avant la renaissance, cette philosophie unitaire fut à peine soupçonnée. L'astronomie ancienne disait la terre au centre de l'univers, et l'on enseignait par conséquent que tous les mondes stellaires, qui sont, plus ou moins, un million de fois plus grands que la terre, étaient dans une subordination servile à l'égard de notre petite planète.

En vain Copernic avait rendu la terre à ses droits d'essence et de relations, et ne lui conservait de suprématie qu'à l'égard de son satellite, *la lune*, bien plus petite qu'elle; l'on ne vit là qu'une amélioration de croyances à l'égard du système planétaire, un arrangement vrai et préférable de la marche des corps célestes compris dans la sphère d'activité du soleil; mais l'on négligea d'y assujétir tous les autres arrangemens concomitans, ou si cette idée n'était pas formellement exprimée, l'on agit du moins, quant aux *détails* de la terre, comme s'ils pouvaient, par exception, échapper à cette force puissante, immense, qui emportait dans son orbite le corps planétaire lui-même, son ensemble, où tous ces détails restaient alors sans importance relative.

Cette force, c'était la gravitation universelle,

la loi universelle de la nature, au dire de Képler ; c'était l'attraction générale, non plus uniquement considérée comme cause du mouvement des astres circulant autour du soleil, mais s'étendant, à plus forte raison, à tous les détails disséminés à la surface des corps planétaires.

Qui a jamais songé à cela , à ces relations des *détails*, à la subordination nécessaire des minimes atomes formant les ceintures ambiantes des corps?

Qui ? demandait, s'écriait Napoléon.

La gravitation et l'attraction sont une même cause phénoménique, avons-nous dit plus haut. Comment sera complété le système? La règle pour l'attraction des corps à grande distance, Newton l'a fait connaître , et quant à cette autre règle pour l'attraction des corps à petite distance, mon écrit de janvier 1835 aurait répondu : C'est l'*attraction-soi-pour-soi*.

Aurait répondu! J'ai promis des considérations historiques : je vais tenir cette promesse. *Aurait répondu!* Mais qui s'en doutait? Un

peu de rumeur touchant ce travail m'avait seulement attiré l'indulgente pitié de quelques
ames : elles me croyaient fourvoyé dans ces entreprises, avortons mort-nés, dites explications
universelles. Or telle fut mon insouciance, que
j'avais employé trente-six ans à méditer, à mûrir
mon principe d'*attraction générale* et ses règles
pour juger de son action à courte distance,
et que je n'avais pas même dépensé trente-six
heures pour veiller sur sa publication, ne l'ayant
recommandée à qui que ce soit.

Ayant traité, dans mon écrit imprimé, de
deux des faits de la question, j'ai cru que je
serais reçu au sein de l'Académie des Sciences à
en continuer l'examen sous un autre point de
vue. Il s'était écoulé quatre mois depuis la publication de mes Études, quand j'essayai de
produire la continuation de mon travail.
Une parole haute, très recommandable par
le caractère de sa lucidité, de plus, habituelle-
ment accueillie par les préventions les plus favo-
rables, se fit alors entendre. « Qu'est-ce, me
fut-il demandé, qu'est-ce que cette loi d'attrac-

traction ainsi modifiée et invoquée? et que faut-
il entendre par ces mots *soi pour soi* (1)? » Je
croyais alors n'avoir à donner que la suite du
développement de mes idées, je vis que c'était
à reprendre *ab-ovo* ; je cédai, je vais céder à
cette nécessité.

(1) Ce n'était point une objection, mais une simple
question sur le fond des choses. La remarque produite,
au surplus, était explicite sur un autre point de ma lecture, et j'en reconnus le caractère judicieux. J'avais cité
avec trop de sévérité, d'injustice même, les passions
haineuses de Hooke, physicien hostile à Newton.

De même qu'à chaque plante forte et vigoureuse
correspond un insecte qui vit de sa substance, de
même aux grandes célébrités s'attachent des médio-
crités envieuses et parasites. Or, il m'avait paru
qu'ainsi s'était agité autour de la gloire de Newton l'un
de ses confrères, personnage que les chroniques de son
temps présentaient comme aussi mal fait de corps que
d'esprit, bossu, quinteux, mélancolique et jaloux.
Son hostilité à l'égard de Newton contraignit ce grand
homme à s'arrêter au milieu de ses glorieux travaux.
Dans l'ardente admiration dont j'étais animé pour le
chef de la philosophie naturelle, les tracasseries bru-
tales de Hooke m'avaient vivement indigné contre lui,
et m'avaient porté à le juger aussi très défavorable-
ment comme savant. Je fus redressé sur ce dernier
point, et me tiens reconnaissant de la manière cordiale
qui y fut employée.

Ma loi secondaire, qui fournit au caractère du second âge du système universel, ATTRACTION, et qui est principalement en exercice à l'égard des corps à très petite distance, consiste dans la *Raison de l'affrontement de soi par soi.* Voyons comment : c'est un état de choses plus apparemment que réellement abstrait.

L'*affrontement*, qui est le moyen d'action de *l'affinité de soi pour soi*, se réalise, s'il est question, je suppose, des fluides impondérés répandus dans les espaces célestes, se réalise, dis-je, dans le cas de l'approche mutuelle de deux masses de lumière ; car, ces fluides sortis, chacun de foyers à part, se rencontrent nécessairement base à base. Aussitôt les deux bases s'interfèrent, et se portant l'une sur l'autre, elles s'affrontent (1). Voilà ce que j'entends par ma loi secondaire de soi allant sur soi.

De même, si, dans un animal, il arrive à un système vasculaire et nerveux étant d'un côté, de rencontrer l'analogue système venant du côté

(1) J'ai, dans mon ouvrage de janvier 1835, page 159, consacré une longue note à expliquer le sens du mot *affrontement.*

9

opposé et convergeant dans ce cas vers des
mêmes points de la ligne médiane, il y a pareil-
lement *affrontement*, et précisément l'espèce
d'*affrontement* produisant le phénomène de
l'apport de *soi* devant *soi*. Ces mots, *soi pour
soi*, dont on est venu me demander de donner
une explication lucide, correspondent à ces lo-
cutions comme en présente le langage de l'algè-
bre ; et alors serait-il question des parties fila-
menteuses et des filières vasculaires disséminées dans les muscles intercostaux allant se terminer sur le sternum, chaque nerf, chaque
artère, chaque veine, chaque fibre de même
sorte, formant, par supposition, le système de
la gauche, retrouvent le même ensemble du côté
droit. Ainsi, les choses y sont réciproquement
posées vis-à-vis les unes des autres, c'est-à-dire les
nerf A, artère B, veine C, filet aponévrotique D,
etc., de la partie gauche, se trouvent respecti-
vement devant nerf a, artère b, veine c, filet
aponévrotique d, de la partie droite.

Et je résume ainsi cette discussion, exprimée
dans ce pui précède en formule algébrique :
A B C D, appareil de gauche, devient le soi de

la gauche, comme *a b c d* se trouve le soi de
la droite.

Or, ceci n'est nouveau pour notre esprit que
de ce qu'il avait négligé de considérer les arrangemens de toutes choses, qui ont ainsi commencé avec l'éternité; si commencement peut
être attribué à ce qui constitue les matériaux de
l'univers et leur raison d'être. Voilà, chaque
fois qu'il y a formation et dans le cercle des
substances inorganiques et dans les parties des
êtres organisés, voilà ce qui se passe, et cela
incessamment et dans tous les lieux de l'univers.

Telle est cette clef, aussi simple dans son essence qu'admirable dans sa toute-puissance et son
application à l'infini, avec laquelle il est si facile
d'interpréter tous les phénomènes de la philosophie naturelle. Notre refus d'en faire usage
ou plutôt notre ignorance que cette clef fût, en
nous et partout dans notre monde ambiant,
une ouvrière continuellement agissante, c'était
cela même, qu'avec une si grande confiance
dans cette ignorance, presque avec une satisfaction mêlée de fatuité, nous appelions de su-

blimes secrets que la nature avait entendu se
réserver, et comment, en cherchant à les pénétrer, l'on était censé agir avec une blâmable
impiété. Des actes d'impiété! On s'abusait de
la sorte, on se complaisait dans cette toute réelle
ineptie. Comme si *ce qui est* ne devenait pas de
droit un sujet d'observation! L'œuvre de Dieu
à contempler, voilà ce qu'interdisaient de hautes
positions sociales, celles du gouvernement de
l'Église.

Ajoutons que c'étaient les faits communs du
mouvement général, les notions qui nous étaient
le plus nécessaires, que l'on traitait avec cette
rigueur. Toutes les raisons de notre existence
devaient-elles de préférence n'être point recher-
chées? Ce serait comme oublier que l'être humain est décidément formé de deux moitiés semblables et conjointes sur leurs lignes médianes.
Sur tous les points de leur fixation, celles-ci
sont toujours unies par des bords homologues,
c'est-à-dire opposés face à face, se regardant
mutuellement, et s'affrontant par conséquent :
chaque partie, chaque organe en l'une des moi-

tiés correspond constamment à une partie, à un organe similaire chez l'autre; chaque vaisseau, chaque nerf, chaque muscle, placé sous la ligne d'union, va retrouver, au milieu de la complication apparente de toute l'organisation, le vaisseau, le nerf, le muscle de même nom appartenant à l'autre moitié.

Qui avait fait attention à cette loi de correspondance, à ce principe de la coordination harmonique et de formation des organes? C'était la révélation de notre loi d'affrontement des parties semblables, allant nécessairement gagner les *soi* exactement similaires de l'autre côté. Mais tout cela était malheureusement entendu autrement et expliqué comme l'exécution voulue par la marche nécessaire et assurée des développemens. On arguait de ce mode de renseignement pour expliquer *unum per idem*; ce dont on se contentait, sans tenter rien de mieux. On se rejetait sur ce que c'était là un fait d'organisation; ce qui voulait dire : l'organisation, c'est le miracle des phénomènes s'accomplissant dans la nature, et tel point particulier de re-

cherche, c'est l'achèvement du travail phénoménal, et rien de plus.

Pour moi, qui exclus cette physique à part,
ou les principes de l'ancienne philosophie, qui
ne comprends la merveille de la vitalité que
comme la révélation d'un miracle, je vois, dans
les manifestations phénoméniques de l'affrontement des deux bords conjoints vers la ligne
d'union, l'exécution toute simple de la loi d'attraction de soi pour soi; l'affinité de la matière
pour elle-même est le véhicule des fluides qui s'a-
vancent face à face : ils affluent l'un vers l'autre
dans la raison directe des masses, etc., caractère
du principe newtonien, aussi bien que dans
celle de l'affrontement des parties semblables.

Peuvent-ils, ces fluides, éprouver le caprice
ou le sort d'un retardement ? Ce n'est donc
point là un effet d'animation qui engendre ces
manifestations; chimère qui avait été si spiri-
tuellement imaginée par les Grecs, et dont les
deux mille ans de vie humaine se sont depuis
accommodés, faute d'une explication plus pro-
bable. C'est ici, comme dans tous les phéno-

mènes où n'interviennent que des actions qui
sont du ressort des substances énergiques, c'est
ici un fait de l'essence de la matière ; ce fait, de
tout temps enseigné, fut révélé par l'emploi de
ces mots : *Natura semper sibi consona.*

Nous étions sous le joug d'habitudes trop in-
vétérées pour songer à quitter ces rêves d'animation. Il a fallu un événement extraordinaire,
et, pour ainsi dire, en venir à surprendre la *Na-*
ture sur le fait; et si j'osais la personnifier,
comme l'a fait Pline (1), si je la considérais
comme un être fantasque, je me permettrais
de dire qu'il avait fallu en venir à la surprendre
en flagrant délit.

Voilà ce qu'était censée faire la nature dans ses
actes d'aberration, les *cas tératologiques.* Cependant l'humanité n'en est plus à rester tantôt
effrayée, tantôt éperdue et sans conscience, bien
que toujours très curieuse, à l'occasion des monstres. On savait qu'ils apparaissaient de temps
à autre, inégalement, en n'observant rien de

(1) *Miracula nobis, ludibria sibi Natura.* Ainsi
Pline explique l'apparition des monstres.

fixe à cet égard. Ces circonstances accessoires semblaient cacher une sorte de mystère qu'il fallait approfondir. Chercher à apprécier ces circonstances, c'était déjà heureusement abandonner les voies usuelles dont il n'y avait plus rien à retirer. Mon premier succès fut de généraliser la cause occasionnelle de la double monstruosité. Il n'est d'embryons réunis qu'en cas d'approche et de jonction de quelques parties similaires. C'est toujours le jeu de notre loi d'attraction de soi pour soi, qui s'interpose comme l'agent excitateur et producteur, qui met aux prises deux faces homologues et qui enfante une greffe vers des surfaces en contact.

Cela aperçu, dans des cas de blessures accidentelles qui avaient occasionné l'ouverture des .sacs utérins et avaient décidé de la rencontre et de la jonction de deux jumeaux, j'étais bien sur la voie du fait, plus général et définitivement normal, en vertu duquel s'associaient l'une à l'autre les deux moitiés de l'animal.

Et comme ce que nous avons démontré tout à l'heure, le faux principe de l'animation, reste étranger à ces arrangemens, et qu'il n'y a pour en décider que la raison beaucoup plus générale de l'attraction de la matière pour elle-même, nous nous trouvons avoir ramené au même principe d'une *physique unique* les cas compliqués, difficultueux et curieux, qui sont les manifestations aussi universelles qu'incessantes de tout phénomène d'organisation vivante.

Or, que me fut-il solennellement demandé le 27 avril 1835, devant un public plus sympathique à l'esprit de la question qu'attentif à ma réponse? quels renseignemens devais-je produire? ceux-ci :

L'Attraction, *ce mot de la création*, avons-nous lu plus haut, sublime révélation du *Verbe qui s'est fait homme*, dans la personne de Newton, suivant la poétique expression de Jean-Jacques Ampère; l'attraction satisfait, bien que dans son caractère de premier âge, à l'essence des attributs des plus grands corps de l'empyrée, sous ce point de vue que c'est l'une des expressions de la gravitation universelle. Cependant il fallait joindre aussi à sa condition spéciale et

purement astronomique, aux notions qui pro-
cèdent de la marche dans l'espace des planètes
et des comètes, de la magnifique découverte
enfin du *Verbe qui s'est fait homme en Newton*, un fait plus général encore, l'aperçu de
deuxième date, la mise en œuvre de l'Attraction de soi pour soi.

L'Attraction de première époque, la grande
vérité scientifique de nos jours, cette vérité était
enfin parvenue au terme d'une démonstration
irrécusable, à cause que cette démonstration se
trouve reposer sur les hauts calculs de la géométrie, sur cette proposition, rendue aussi précise qu'évidente, *la raison directe des masses,
et inverse du carré de la distance.*

L'Attraction de second âge exigeait un terme
de plus, la révélation d'une possession de plus
de facultés, pour amener la notion de la gravitation au caractère d'un fait plus général, pour
qu'il y en eût une sorte d'explication physique;
pour que ce fait fût seulement un résultat d'essence, pour qu'il se plaçât définitivement en tête
de toutes choses, après Dieu, et qu'il devînt

premier principe, ministre suprême, et dans cette hauteur une chose de l'univers. Ainsi ce fait se maintient réel, il est accessible à notre esprit, et il se trouve pourvu d'attributs déterminés; ce qui ne saurait se dire également de Dieu. A cette Attraction appartiennent ce caractère complétif, et à notre égard de deuxième âge, cette extension de facultés qui deviennent dès-lors la manifestation certaine et définitive, que la matière est douée d'affinité pour elle-même, sous *la raison de l'affrontement de deux substances provenant de sources opposées ;* c'est-à-dire s'apportant leurs faces respectives, leur caractère de parfaite homologie, chacune venant de directions contraires pour être livrées à l'action phénoménale de l'affrontement.

La conséquence de ce qui précède, c'est que de cette attraction de seconde époque, de la notion de ce premier principe d'action dans l'univers et d'applications à en faire dans chaque considération phénoménique, naîtra une **doctrine** simple et synthétique pour l'unique physique praticable : une ainsi pour tout l'univers. Nous la diviserons pour notre commodité seulement dans ces deux sections, l'une physique terrestre ou celle présentement enseignée, qu'il faudra réformer en beaucoup de points, et l'autre physique céleste, toute à créer.

Les faces des deux faisceaux de matière, que nous venons de déclarer être rigoureusement homologues et en marche base vers base, l'une vers l'autre, étant alors émanées de deux foyers distincts, c'est une supposition que je viens de me permettre pour expliquer le sens et la valeur des termes *soi pour soi*. Ce sont ces termes, que j'ai ainsi généralisés et formulés pour correspondre à ces moyens d'explication, dits ceux du langage algébrique.

Et, en définitive, voilà, non pas ce qui fut, mais ce qui devait être ma réplique à l'interpellation citée plus haut, et qui est devenue l'objet d'une discussion publique en avril 1835. Je n'avais qu'eu le temps de communiquer les prolégomènes de mon travail sur la *lumière*. Ma lecture avait duré une grande partie de la séance : j'étais d'ailleurs fatigué. Tout ce que je pus cependant ajouter, après m'être dit touché de la forme et de l'aménité de l'engagement, c'est que j'accueillais avec une gratitude profonde les éclaircissemens pour redresser mon jugement, qui venaient de m'être donnés sur le savoir réel et très remarquable de Hooke.

Ce n'est point le moment de rendre compte du contenu de cette lecture du 27 avril 1835. Ces *notions synthétiques* ont un autre but que celui de démontrer et de fonder de nouvelles théories en physique : je n'entends écrire aujourd'hui que pour ces hautes capacités de nos jours, que pour la classe des penseurs synthétiques, qui embrassent les faits philosophiques d'une maniere générale et sans s'y appliquer par l'étude des spécialités scientifiques.

Néanmoins je veux terminer ce chapitre en donnant un avant-goût de mes travaux et recherches sur la physique, en transcrivant ici le titre et les premiers paragraphes de ma lecture d'alors.

« Exorde d'un ouvrage sur la lumière, où « l'on discute, en cinq traités, *de son essence,* « *de son principe originel, de son analyse,*

« *de son intervention universelle , et des phé-*
« *nomènes de l'interférence des rayons pola-*
« *risés.* Premier morceau servant de program-
« me *a priori* sur cette question d'ensemble ,
« savoir, que la lumière est l'une des formes gé-
« nérales qu'affecte la matière, et qu'elle est de
« toute éternité agent et sujet de la composi-
« tion des mondes. »

« Tout ce qui est et prend consistance dans
les mondes est un produit d'actes qui se correspondent dans le temps et dans l'espace, suivant
que se trouvent prolongées indéfiniment leurs
lignes d'opérations : et en effet, ces événemens
sont soumis au balancement de causes qui s'en-
tremêlent et se renouvellent sans cesse, au départ comme à l'arrivée. Ces opérations sont incessantes ,   défaisant sur un point et réformant
sur un autre : c'est un mouvement de *va et vient*
continuel , un remaniement et une transforma-
tion inépuisable de la matière , où les recompo-
sitions et les décompositions ne s'interrompent
jamais. »

« Or, c'est la lumière , comme substance ,
qui est le sujet et le grand artisan de ces méta-
morphoses. »

« Telle est la source infinie d'événemens dont les allures se montrent aussi nécessaires que suivies avec régularité , et qui en dernière analyse constituent l'ordre immuable de l'univers, ayant toujours et devant toujours traverser l'éternité des siècles. »

« Deux grands leviers sont imposés ou plutôt accordés à la lumière pour se modifier et se transformer dans la succession des temps. Ce sont ces deux puissances phénoménales qui interviennent dans le cours des événemens, et qui, comme autant de serviteurs dévoués et attentifs, veillent à l'exact balancement de leurs causes alternantes et de leurs réciproques effets en retour. Ainsi s'aperçoivent toutes les causes qui rentrent les unes dans les autres et qui sont opposées plutôt dans leur mode d'agir, que dans leur but, détruisant sur un point pour reconstruire ailleurs ; causes à nommer dès à présent *combustion* et *électrisation*. »

Je m'arrête dans cette transcription : mais je viens de terminer cette citation par ces deux termes que j'emploie encore mieux dans un sens théorique qui m'est propre que dans celui de leur essence grammaticale. Je ne veux pas les avoir introduits ici, sans en fournir une explication qu'une autre fois j'étendrai davantage.

Toute substance entassée et solidifiée, que dans cet état nous disons former un corps inorganique quelconque, a commencé par être fluide élastique sans pesanteur appréciable. La grossièreté de nos sens nous donne ce genre d'incapacité, que les fluides impondérés, étant portés aux dernières limites de leur divisibilité, nous ne pouvons plus percevoir la relation et les différences des élémens atomiques.

Cela posé, voici comme je comprends que se comportent ces agens de la nature que je nomme *combustion et électrisation*:

La Combustion d'un corps solide le restitue à ses formes originelles, qui est son état d'une atténuation extrême des molécules. L'Électrisation reprend ces molécules, en y procédant par une suite progressive de translations, et refait les corps. C'est l'office de notre premier principe, *l'attraction de soi pour soi*. C'est un *va et vient* qui se passe dans la croûte ou couche ex-

terne des corps célestes, *planètes* et *étoiles ;*
croûte qui décroît où la combustion domine et
qui s'accroît au contraire sous l'action de l'é-
lectrisation.

Cette vue admet la possibilité d'un remaniement partiel dans les arrangemens de chacun
des systèmes stellaires. Car, dans l'action modifi-
catrice du temps, un décroissement, par suite
de la combustion, peut être subi par un astre
enflammé, et fournir un résultat effectif qui se
propage sur toutes les planètes de son système.
Ceci posé (cependant je conçois encore un autre
mode d'exécution) ; ceci posé, le décroissement
du corps principal donnera son excédant de
masse, et, dans sa raison proportionnelle aux
distances des centres d'action, en distribuera
les parties entre les corps célestes du ressort.
Les bénéfices de ces changemens profitent principalement aux deux plus grosses planètes pré-
existantes. Or il est inévitable que celles-ci ne
dévient de leur ligne de parcours, et ne tombent l'une sur l'autre. Leur chute réciproque
s'accélérant par la vitesse, il y aura un choc

10

effroyable, incommensurable et un frottement si considérable, tant de parties en contact, que de la collision de ces matériaux, préalablement dans l'état solide, renaîtra leur état primitif, leur première forme de fluide élastique, leur ancien état d'ignition. Une étoile nouvelle sera constituée en volume, poids et incandescence, à la suite de ces catastrophes, de ces bouleversemens, dont ces suppositions peuvent fournir une idée.

Il y a effectivement dans les souvenirs des hommes, dans leur croyance du moins, que quelques étoiles aient apparu à titre nouveau et que d'autres se soient éteintes.

OBSERVATIONS CONCERNANT CE PREMIER CHAPITRE.

Que la pensée de cette première partie puisse paraître hardie, téméraire même, je n'ai plus aujourd'hui à en répondre. La pierre avait été jetée, et le fleuve était déjà passé, dès le moment que j'eus produit ma découverte de la *Loi universelle*, le dernier sujet de mes *Études progressives*.

Ce que je viens de tenter dans ce qui pré-

cède, on m'avait demandé de le faire : l'idée-
mère paraissait grande, importante ; mais *elle
n'était point produite*, disait-on, *avec assez
de clarté.*

Les problèmes de la physique des corps organisés, ces vues rationnelles sur l'animalité
et les formations organiques, exigèrent ce plus
d'efforts de ma part, cette lucidité réclamée :
je m'y suis employé de mon mieux.

Je ne me dissimule point cependant ma position. Car comment se flatter d'être suivi par
d'honorables émules assez doués d'indulgence
et de confiance, pour se rendre attentifs au
présent essai de contemplation et de pénétration des faits de l'univers ?

Cependant si ces vues synthétiques ne faisaient qu'être produites en leur temps provi-
dentiel et conformément à la conception théorique des FAITS NÉCESSAIRES !

CHAPITRE II.

ANIMAUX VERTÉBRÉS. — QUESTIONS A LEUR SUJET RÉSO-
LUES. — RÉVÉLATIONS A Y PUISER POUR S'ÉLEVER
D'ELLES AU PREMIER PRINCIPE DES CHOSES.

———

LA SCIENCE EST UNE... (*Livre mystique*, I, 263).
La *science est* UNE, *et vous l'avez partagée* (ibid., II, 257).

J'emploie ici la pensée et je songe à développer le sens de cette épigraphe des présentes
Notions : je le fais précisément au moment
d'entrer dans l'examen des considérations spéciales de zoologie qui m'ont jusqu'à ce jour occupé : j'y veux là montrer combien de ces idées
puisent d'intérêt et prennent de clarté par un
emploi sagement réglé de l'étude des rapports
et de l'opposition de leur contraste.

Je dois cette épigraphe, ou du moins l'expression concise et lucide de sa rédaction, à l'un

des plus grands écrivains du siècle, l'ayant empruntée aux œuvres de M. de Balzac, aux parties que ce philosophe a récemment publiées sous le nom de *Livre mystique*.

C'est son *Louis-Lambert*, personnage de l'une des anecdotes du livre, être fictif auquel fut attribué le rôle d'un esprit synthétique par excellence : c'est cette brillante conception d'une riche et féconde imagination, qui là vient déplorer le malheur de l'humanité, à son insu long-temps fourvoyée dans une mer de préjugés sans racines, et qui réclame de la science d'arriver avec sa force unitaire au secours de cette enfance de la civilisation.

A un Louis-Lambert, à cette prodigieuse intelligence, il apparaît que chaque spécialité du savoir humain, avait pris à tâche de s'établir au fond d'un antre pour y rester isolé. Autant d'esprits qui s'y déploient, ce sont sans doute autant de notabilités d'une habileté et d'une sagacité admirable, mais qui, au moins, dans la plupart des cas, comme dans l'essentiel des faits, semblent agir à l'insu les uns des autres. Il leur arrive, chacune à part, de réaliser les conditions de ce docteur de Saint-Augustin, de se poser en *homo unius libri*, et de rappeler cette puissance d'argumentation et ce plus haut savoir pour un seul fait bien étudié sous toutes ses faces. Vous avez donc affaire à un savant ingénieux, clairvoyant et qui n'ignore rien de ce qu'il y a de plus mystérieux dans les profondeurs du puits où il s'est renfermé. Mais demandez-lui ce qu'il sait touchant ce qui se pratique dans d'autres vallons de son voisinage, et croyez que plus les observations y seraient ardentes et étendues et moins d'érudition sortirait de pareilles épreuves.

Les réputations de ces hommes spéciaux ne comptent et ne se fondent dans la pensée publique que le jour venu des jugemens suprêmes. La rivalité renonce alors à les dévorer, et, au contraire, elle leur accorde complaisamment et généreusement, souvent même beaucoup au-delà de leurs droits acquis; la rivalité se porte alors sur un autre point de mire.

Je rappelle ces généralités sous le point de

vue de mon entrée dans les études de la physique, et parce qu'y venant figurer comme un
homme nouveau, j'y dois apparaître en sollicitant excuse et fournissant explication. Car, dès
mon début, j'y fais l'apport d'une idée-mère
d'une vue synthétique, qui, à quelques égards,
viendrait changer bien des combinaisons admises, beaucoup de résultats qu'on croit maintenant affermis par un judicieux emploi d'anciennes et profondes méditations.

Mais si c'est la première fois que je suis aperçu dans le vestibule des demeures des physiciens, et si c'est à juste droit, que ceux-ci, isolés dans leur spécialité, ne m'aperçoivent que
sous le titre d'un homme qui leur est inconnu,
j'ai, pour combattre cette prétention, à faire
valoir que, d'autre part, vieux zoologiste, j'ai
long-temps exploré les champs d'une autre physique, à laquelle il ne manque, pour établir
son légitime droit à la confraternité, qu'un
nom analogue du moins et correspondant, qui
rende compte de la rencontre des deux sœurs
sur les mêmes routes.

Ainsi j'explique que ce n'est point imprudem-
ment et faute d'études préparatoires que je
suis venu considérer l'action réciproque des
corps dans la physique proprement dite. J'ai
donc le droit d'affirmer que je suis autorisé à
réclamer l'introduction d'une idée-mère, à éten-
dre ses effets sur tout l'univers stellaire ; car
j'avais déjà une cargaison faite , et je passais
avec elle de mon cantonnement spécial dans
des départemens voisins. Ainsi s'abattait par cela
la barrière qui séparait les deux physiques ,
ces deux contrées du même et tout-puissant
maître , toutes deux régies sous l'empire d'une
loi unique.

Pour établir que telle est effectivement ma
situation, ce que je ne puis croire suffisamment
bien compris dans les camps voisins, j'ai besoin
de rappeler l'adage de *Louis-Lambert* : LA
SCIENCE EST UNE. Des partages à ce sujet ! Non ,
il n'en est point d'essentiels. Le doigt de Dieu
nous conduit également, naturalistes et physiciens : nous tous, et en raison des mêmes devoirs, nous observons toutes choses en l'univers,
employant chacun , il est vrai, modes et instru-

mens différens dans nos investigations. Car,
d'ailleurs, arrivant fondamentalement sur un
même ordre de faits, nous voyons sans doute
toutes choses diversifiées à l'infini ; mais soit en
physique , soit en zoologie , nous sommes rame-
nés à d'assurées généralités , à une unité de
vues , à une identité d'essence , trahies par la
correspondance de leurs faits d'harmonie , par
des données infaillibles de semblables relations
et de simplicité.

La science est UNE , comme placée sous l'autorité d'un même principe et comme frappée
dans ses diversités d'un caractère d'*Unité de
composition*.

Les physiciens s'élevaient peut-être instinctivement au sentiment de cette idée générale;
mais trop occupés de faits tenus dans l'isolement et placés à de trop grandes distances, ils
ne pouvaient même comprendre qu'il fût possible de rallier ces données de tant de mondes :
j'ai dit plus haut, page 7, pourquoi cette contemplation leur devenait ou leur devait paraître
impossible. Pour les physiologistes, au con-

traire, appelés à étudier dans l'animalité une sorte d'abrégé des mondes, à voir dans un animal un microcosme complet, il y avait dans ces systèmes réduits aux dimensions les plus exiguës autant de sujets d'un enseignement puissant et synthétique, des ressources d'observations tout aussi efficaces pour les yeux du corps que pour ceux de l'esprit. A de tels physiologistes, il appartenait de se charger courageusement des recherches que réclamaient tant et de si importantes lacunes dans la science, et auxquelles beaucoup d'esprits irréfléchis supposaient avoir déjà pourvu par l'implantation dans leurs théories de la vaine et vague idée, le *vitalisme*.

J'ai déjà insisté (*Études*, pages 160 et 171) sur ce développement successif de la marche des deux sciences quand elles étaient séparées : et s'il faut effectivement accorder qu'à la physiologie doit demeurer l'avantage de rallier sous son unique bannière tous les faisceaux épars du savoir humain, qu'aux faits élucidés des conditions de l'animalité appartiennent le droit et la principale part aux recherches d'un premier principe des choses, il restera pour ce moment de ma discussion une autre question à traiter; c'est de savoir si, comme physiologiste ou du moins comme zoologiste, j'avais des droits, j'étais en mesure de me charger d'intervenir dans d'aussi hautes investigations.

J'ai fait de la zoologie, j'ajoute durant trente-trois années; et je m'y suis consacré avec labeurs pénibles et incessans, y persévérant même pendant une grande partie des nuits. J'ai long-temps observé comme zoologiste, c'est avéré; mais dans quelle mesure? C'est à cela que je dois aujourd'hui répondre, et je le souhaite faire avec détail. Rien de ce qui est dans ce second chapitre ne me paraît trop abondant ou superflu, pour répondre effectivement que je n'ai point agi légèrement comme naturaliste.

J'entends bien murmurer à mon oreille que j'ai adopté trop soudainement un bien périlleux parti, celui d'abandonner un genre où j'avais montré quelque aptitude, pour embrasser une carrière où j'arrive sans antécédent, ni études premières. Je viens, dans ce qui précède, de répondre suffisamment, je pense, aux esprits droits et cultivant les sciences dans le seul intérêt du progrès et des besoins de l'humanité. Je me flatte que ceux-ci savent décidément comment j'ai été amené aux portes de la *physique,* et surtout qu'ils me rendent la justice de croire que je n'ai nullement dévié de ma route. Je n'y serais point resté stationnaire, m'y étant avancé au contraire plus qu'on ne l'avait fait avant moi ; mais j'ai aussi montré que je n'ai point brusqué le voyage, et que j'ai marché constamment pas à pas. Quant à quelques esprits légers qui n'ont rien vu de cela, et qui m'improuvent, laissons-les dire et faire. Qu'une bonne semence ait été versée en terre, elle germera.

Si je fatigue par ces excès de précautions préparatoires, c'est en raison de la nouveauté de ma situation, laquelle il me faut nettement définir : je la ressens comme me créant ce devoir (1). Paraissant à quelques-uns avoir cédé à

(1) Je placerai dans une phrase de l'Avant-propos mes réserves à ce sujet.

un caprice d'esprit, je suis obligé, je dois chercher à me faire connaître, sinon comme physicien, du moins comme naturaliste; position qui,
dans le cas dont il s'agit, devient peut-être
l'une à l'autre supérieure, et promettra plus
d'avenir au naturaliste.

Dans ma profession spéciale de zoologiste,
je ne visai d'abord qu'à rester lentement progressif, et à me faire petit à petit producteur
d'idées dans ce cercle ainsi restreint. Tout aux
études de détail, il se fit cependant en moi une
révolution à mon insu. Le classement de ces
faits en mon esprit et par suite des idées qu'ils
engendraient me valut plus d'étendue de jugement, et définitivement les satisfactions d'un
savoir synthétique. A cet ensemble de faits généraux, il me fut impossible de ne pas répondre
par d'ardentes prévisions *à priori*, par l'emploi de la doctrine des faits nécessaires.

Je sais qu'il n'appartient qu'à un Leibnitz
(*Nouveaux essais*) de recourir à l'emploi de
pareilles méthodes, et d'opposer pour répliquer : j'en ai des *raisons à priori*. Mais il est

quelquefois des positions semblables où il faut impérieusement que l'esprit se soumette aux mêmes procédés et conclusions.

Ainsi je ne saurais trop insister sur le genre d'argumentation auquel je vais me livrer. J'ai donc à cœur de faire remarquer combien j'ai été et suis toujours naturaliste, et comment mes facultés de la pensée devenant opiniâtres et incessantes, et s'étant appliquées aux études de la zoologie, ont pu me préparer à ces recherches transcendantes de philosophie, que font supposer tous les points traités dans le précédent chapitre.

Il y a d'ailleurs sur ces choses une nécessité de développement continu et progressif, et ce fut en effet pour moi un besoin ressenti de quitter, à une heure donnée, la marche des événemens, les sentiers battus et d'abandonner le mouvement imprimé. Quand je quittai le terre-à-terre du commun des naturalistes, je veux dire, leur service de descriptions, de nomenclature et de classifications, ce fut principalement en 1820, quand j'examinai s'il y avait et

comment il y avait similitude philosophique
d'organisation entre les insectes et les animaux
des classes supérieures.

Le principal recueil scientifique des Alle-
mands, l'Isis, s'y rendit attentif, et à ce sujet
me proclama un *philosophe de la nature*:
bienveillante approbation, je le sais, mais qui
renfermait un sens à double entente dans les deux
pays limitrophes. Cela devait fortement me
compromettre en France; car c'était pour ainsi
dire m'affilier à une secte, ou soi-disant telle,
à laquelle on livrait à Paris une guerre, sourde
peut-être, mais qui n'en était pas moins ardente, incisive même.

Je reviendrai plus tard sur cette circonstance
et je me borne pour le moment à dire que si je
prête plus décidément le flanc à ces inculpations, qu'alors j'étais très empressé de repous-
ser, aujourd'hui qu'en effet je comprends dans
mes spéculations scientifiques toutes les ap-
partenances, actes et manifestations de l'histoire
naturelle du firmament, je me trouve obligé de
faire face devant d'autres inculpations et de répondre à cette allégation : « comment il se fait

. . . .

. . . .

. . . .

PREMIÈRE ANNOTATION.

Février 1838.

Je ne continuerai point ces fragments com-
mencés naguère (1) sous de meilleurs auspices;
je suis aujourd'hui le jouet de forces majeures,
sans rien pouvoir opposer à une fatalité sombre
qui m'atteint, qui tourne à persécution et qui réserve mes derniers jours à l'excès des disgrâces.

---

(1) Les feuilles précédentes étaient imprimées il y
a quelques années, quand je me vis dans la nécessité d'en ajourner la publication : j'allai au plus pressé.
Plus d'ordre, d'études, et de logique sur-tout, étaient
réclamés au sujet des questions paléontologiques. Je
fus alors entraîné sur le terrain des discussions académiques.

Je me vois donc forcé par suite de l'interruption de cet ouvrage d'en demander excuse au Public. Il m'est pénible de laisser ces quelques feuilles imparfaites, que je n'aurai pu amener à l'état d'un ouvrage achevé. Mais les tracasseries qui me sont suscitées, les atteintes de l'âge, et le découragement qui me gagne, me créent une situation d'impuissance, à laquelle il faut que je range désormais ma conduite et les dernières heures de ma vie. A de nouvelles luttes, où l'on paraît vouloir m'engager, ma prudence et ma débilité me conseillent de me refuser.

Ne serait-ce point là des motifs bien plausibles! qu'on en juge sur l'exposé suivant de ma triste situation.

Pardon, si je reprends de haut ce récit.

Du moment que l'homme, sorti du sein des matériaux dont se compose notre monde planétaire, se fut appliqué à se connaître et qu'il eut réussi à se comprendre autre, mais en rapport avec toutes choses de l'univers, il s'est cru au milieu de la création pour en diriger quelques rouages et s'y établir en maître. Et ce n'en fut pas la moindre preuve que sa dernière et audacieuse entreprise de prendre une à une toute chose qui est, de la nommer, de l'inventorier et d'en faire emploi comme d'une pièce de son mobilier.

Ce parti pris, mais qui le fut seulement depuis la renaissance des lettres, mais pris avec fermeté, a créé un ordre nouveau de rapports entre l'homme et la nature observable. Les trois derniers siècles furent principalement employés à inventer la meilleure voie d'observation et à faire de très-nombreuses applications de la méthode préférée et adoptée. Or, ce qui réussit le mieux, et réunit le plus de partisans, ce fut un art de descriptions et de classification des êtres, dans les procédés duquel Linnéus vint jouer le premier rôle : il eut, un demi-siècle plus tard, pour immédiat successeur, G. Cuvier.

Toutefois, au plus fort de la chaleur des esprits, que le législateur d'Upsal disciplinait et

contenait dans une école docile à ses règles,
survint en France un génie tout aux allures et
aux sentiments de Képler, visant de même à
la recherche des causes, dédaignant les traces
de ses émules, et par conséquent entendant les
études de la nature autrement que par des procédés de descriptions et de travaux spéciaux :
tel fut Buffon, naturaliste suivant un autre
mode, et qui dès lors fut antipathique au mouvement linnéen. C'est tout au plus si à l'apparition de cette notable opposition et grandeur, on
y fit quelque attention.

Cependant, les succès linnéens trouvèrent
un terme dans l'excès même des avantages venus
à leur suite ; car, indépendamment d'une étour-
deric funeste mêlée à leur exploitation, il y
avait encore à en dire : « Comment toujours dé-
crire, nommer et cataloguer? Dans ce cas, pour
qui et pour quoi ? »

Au commencement et dans le courant du
XVIIIᵉ siècle, ce n'était jamais avoir trop et
même avoir assez fait: l'humanité entrait, avec
son ignorance originelle, dans des études de pre-

mier âge. Mais quand on voulut plus tard se
maintenir dans le même apprentissage, ceci
poussa les esprits, alors plus avancés, à une ré-
volte qui éclata principalement en Allemagne.

C'est que les idées de Buffon, ce génie à part
comme naturaliste, avaient de toutes parts sour-
dement été étudiées et goûtées. L'audace de ce
maître qui fut à son début placer ses recherches
sur le centre même des grands phénomènes de
la nature, ne lui fut pas toujours funeste, mais
se trouva tout au contraire lui réussir, en le
mettant à même d'assister d'ensemble et philo-
sophiquement à de hautes et magnifiques révélations touchant la nature des choses. Rien de
cela n'était possible, avec l'ancienne manière
d'amasser l'une au bout de l'autre des descriptions isolées ; mais Buffon, comme s'il avait
réussi à garder une position qui le maintenait à
la droite du Très-Haut, abondait en vues synthétiques que venait justifier tout le savoir du
XIXe siècle ; et comme dans la patrie même de
G. Cuvier, toutes ces vues du grand naturaliste français gagnaient de plus en plus faveur,
les sentiments de la savante Allemagne écla-

tèrent pour appuyer les nouvelles doctrines.

On essaya bien un moment à les faire taire
par des insinuations d'impiété; car l'idée d'une
secte et les noms dits en dérision de *philosophes
de la nature*, furent mis en avant. Ces mouvements n'acquirent qu'assez peu de retentissement en France et durant les mauvais jours des
systèmes politiques du pays. Le développement, au contraire, des pensées sur la nature,
s'accrédita comme elles apparurent en 1749,
où, pour les guider et les propager, elles trouvèrent en outre à s'appuyer sur les opinions de
l'un des plus beaux génies de l'Allemagne.
En définitive, deux écoles rivales sur les questions et l'étude de l'histoire naturelle entrèrent
en lutte: l'une, depuis long-temps maîtresse des
allures usuelles, et l'autre, celle des philosophes de la nature, ayant pour chef notre immortel Buffon, qu'inspirait la recherche des causes. Or, il arrive qu'en France il y a de nos jours
plus de partisans qui s'intéressent aux vues générales et profondément philosophiques de ce
maître. Cuvier, le continuateur des travaux lin-

néens, en prit ombrage ; il provoqua, ou il accepta le combat scientifique de 1830. Ces débats profitèrent au savoir philosophique des choses. Goëthe s'empressa d'en répandre la nouvelle en Allemagne. Il y consacra deux articles qui furent les derniers chants de ce poëte et savant naturaliste.

Maintenant que ces écrits de Goëthe réapparaissent en français (1), au milieu de tant d'autres travaux sur les sciences naturelles et qui servent de commentaire aux idées ingénieuses et profondes de Buffon, quelques savants en sont arrivés à penser que la réputation de G. Cuvier en avait reçu un échec.

Sur ces entrefaites, un protégé du baron Cuvier, comme président du Conseil-d'État, est, en 1837, promu au ministère de l'instruction publique. Le jeune ministre lui doit ses premiers

_____

(1) OEuvres d'histoire naturelle de Goëthe, traduites par Ch. Martins : 1 v. in-8° 1837, chez Cherbuliez, rue Saint-André-des-Arts, n. 68.

pas dans la carrière des affaires. Tous ses soins vont s'appliquer à une complète glorification (1) de cet ancien ami et protecteur. Il était resté à celui-ci un frère : on l'appelle à un vaste enseignement créé pour lui. Mais ce frère désire encore une partie de mes attributions, on les lui concède. C'est par mégarde qu'on agit ainsi et qu'on dépouille un vieux serviteur de la science d'une position que lui avaient acquise quarante-cinq ans de travaux ; oui, c'est immérité, on le reconnaît. Mais la faveur faite à ce frère n'en sera que plus éclatante : celui-ci entre dans les conseils occupés des affaires de l'histoire naturelle ; il y entre, et l'ancien titulaire en est précipité. Je suis cet opprimé.

Dans le chagrin que je ressens de ce mépris de ma personne, je pensai à me retirer sur la

---

(1) Soyez à ce sentiment, c'est honorable sans doute. Mais gardez-vous de croire avoir travaillé pour la postérité, en formant votre couronne de NATURALISTE, si vous n'y avez employé que des fleurs flétries durant les derniers automnes.

terre étrangère pour y écrire la fin de mes *Notions de philosophie;* une grave maladie m'en a empêché. N'y ayant point succombé, je vais végéter encore un peu de temps; et victime comme tant d'autres, je resterai de même sous le coup et comme un nouvel exemple de l'injustice et de l'ingratitude des hommes.

Cependant que de conflits sont soulevés! Mes torts, c'était d'être entré dans un monde d'idées incomprises sans doute et que désavoue l'école régnante; c'était, ce fut d'avoir agi sous l'inspiration de maîtres, tels que Buffon et Goëthe, ces naturalistes aux vues synthétiques et si lumineuses! Mais si c'est la tendance du savoir de notre âge que l'esprit de leurs généralisations!! Goëthe ne se serait montré qu'en voie progressive, quand il s'est porté, au profit des philosophes de la nature, juge des questions d'histoire naturelle débattues à Paris en 1830; et Buffon, caché long-temps et méconnu sous un monceau de descriptions, les seuls travaux goûtés et exécutés de son temps, intervient maintenant comme le digne et glorieux précurseur de ces magnifiques et puissantes pensées, l'enfantement de notre âge et l'espoir de l'avenir de l'humanité.

Sur notre immortel Buffon, je n'ai cessé d'avoir une opinion faite; et je l'ai publiée encore tout récemment et motivée dans un morceau qui sert de frontispice à une nouvelle édition (1) des œuvres de ce grand maître.

Buffon m'apparaît dans cet écrit, comme le grand naturaliste des âges: et si, comme nous l'avons toujours pensé, nul ne doit dans l'avenir le supplanter, croyons que le titre de *Prince des naturalistes*, que tous les philosophes s'accordent déja à lui donner, lui restera définitivement acquis.

_____

(1) Celle de Pillot, libraire-éditeur, rue Saint-Martin, n. 173.

SECONDE ANNOTATION.

J'avais voulu écrire le présent opuscule pour en faire une œuvre posthume, car je n'entendais ni discuter, ni guerroyer sur aucun point. Je m'étais flatté de laisser aux *vérités* de cet écrit, si mes aperçus méritent d'être ainsi qualifiés, le soin de sortir lentement de leurs puits jusqu'ici impénétrables ; mais gêné dans mes mouvements et frappé d'afflictions qui me rendent inconsolable, je m'expose, en paraissant de mon vivant, à une controverse ardente et incessante : car elle peut venir me relancer de tous les points accessibles au savoir humain.

En jetant un dernier regard sur le traité, page 21, *Caractère et portée de la loi universelle,* j'ai voulu remplir mon esprit d'une joie, seule capable de me payer des fatigues et des nuits longues et laborieuses que j'ai employées à la méditation de ce Mémoire. Or je me flatte d'être enfin compris, et je me complais à le montrer dans les deux exemples suivants :

Quand au commencement de 1835, lors de la publication de mes *Études progressives d'un naturaliste* (1), j'essayai de rassembler tout le fruit de mes pensées et recherches, touchant ce qu'avec autant de réflexion que de parfaite conviction je nommai alors *Loi universelle*, je n'avais qu'un souci, peu ordinaire aux auteurs, ce fut qu'une voix amie, mais sans études ni intelligence suffisante, s'en vint à recommander et à louer mon travail. D'aussi fâcheux mécomptes à la suite d'un zéle dans ces cas bien irréfléchi, n'auraient que compromis pour long-temps l'avenir de mon œuvre, en ajoutant de cette manière à ses difficultés déja si grandes. Mais tout au contraire, je n'avais point la même appréhension pour une critique, telle violente qu'elle pût être; car, pour se disposer à parler de la nouvelle idée, on eût fait quelqu'effort pour la comprendre, ou du moins on y eût procédé sous une forme accessible à des répliques. Mais en définitive, il n'y eut de mon *idée* ni éloge, ni critique, mais indifférence et silence, sur ce que je ne pouvais me dispenser

---

(1) Ouvrage in-4°, ayant paru chez Dénain.

de considérer comme la plus méditée et la plus vaste de mes entreprises.

Toutefois, il me restait dans l'esprit l'espoir qu'enfin un jeune savant, aussi ardent que profond et sagace serait tenté de chercher de la gloire, ou du moins de l'illustration, dans mes études de haute abstraction, et qu'il essaierait de ses forces dans les difficultés du sujet scientifique que je recommandais à l'attention publique.

Voilà ce qui vient d'arriver : et, je ne le dissimule point, cette bonne fortune m'enchante au point que j'en traite ici *ex professo*. Notre grande énigme sur les choses, quelqu'un y est donc arrivé de propre mouvement pour donner ce contentement à son génie. Or c'est là, suivant moi, un début à me faire croire par la suite à de nombreux imitateurs.

J'ai donc cette satisfaction, qu'un jeune lauréat, M. Maxime Vernois, sorti vainqueur de tous les concours où s'engagaient les élèves internes des hôpitaux, et, passant sa thèse pour le doctorat en médecine, dans les derniers jours de décembre 1837, n'a point craint d'aborder, dans un acte public et solennel, toutes les hautes questions ressortissant à ma *Loi universelle.*

Je rappelle ici l'usage qui prescrit à tout récipiendaire de placer dans un hors-d'œuvre, et vers la fin de son écrit, un certain nombre de propositions générales toutes empruntées aux ouvrages des grands maîtres de la science. Or, cette fois, M. Vernois, quittant le sentier des routes battues, s'avisa de donner comme ce qu'il savait de plus nouveau et de plus général, dix propositions, qu'il intitula de *Philosophie naturelle,* et qu'il dit rouler sur une doctrine nouvelle (*attraction de soi pour soi*), puis former les principales conséquences d'un travail sur la *Loi universelle,* comme cette doctrine est présentée dans les *Études progressives d'un naturaliste en* 1835. Le nouveau médecin et ses juges, les professeurs de la Faculté de Médecine de Paris, remplirent tout le temps de l'examen à traiter de ces dix propositions.

Mais ce n'est là qu'une circonstance particulière qu'il faudrait à peine citer, si ce n'était la haute intelligence et la fermeté d'esprit dé-

ployées dans la rédaction de ces dix propositions. Pour réduire en aphorismes courts et con-
cis les immenses éléments d'une science étendue,
et le faire sans méprises ni erreur, il faut être
plein d'un savoir fin et délicat sur toute la matière, doué du même esprit de suite et de synthèse
qui avait présidé à la composition générale, et
annoncer une rare puissance de sentiment et de
propagation des grandes vérités naturelles.

Je justifie selon ma pensée tout ce que je viens
d'affirmer à ce sujet, en transcrivant ici ces dix
propositions de la thèse de M. Maxime Vernois;
je les regarde, tant elles me paraissent pleines
de sens, de rigueur, et judicieusement formulées, comme un appendix qui complète heureusement les raisonnements de mon présent
opuscule.

PROPOSITIONS DE PHILOSOPHIE NATURELLE,

Terminant la thèse présentée et soutenue à la Faculté
de Médecine de Paris, le 29 décembre 1837, par
M. *Maxime Vernois*.

I.

La nature est infaillible et incapable de contradictions; elle a toujours suivi les moyens les plus simples, pour arriver aux résultats les plus composés. Elle n'a qu'un plan dans ses vues d'organisation, elle a fait tous les êtres d'après une même loi. L'unité de composition organique est la base de toutes ses opérations.

II.

Il n'y a point de monstres dans la nature, si l'on entend par ce mot *déviation* de la nature à ses régles accoutumées d'action.

III.

La régularité et la disposition que présentent entre eux deux sujets réunis, n'est point, ainsi que l'ont cru quelques auteurs, une circonstance rare, individuelle, caractéristique, pour certains monstres, et les rendant remarquables entre tous les autres; mais elle est constante, commune à tous, et se rapporte à un fait de premier ordre qui, dans sa haute généralité, embrasse en quelque sorte, à titre de

corollaires, tous les autres faits de la monstruosité double. (Isidore Geoffroy Saint - Hilaire ,
Introduction à la Tératologie, page 21).

IV.

Le SOI d'un sujet rencontrant le SOI d'un autre sujet, s'attire et *s'affronte,* dans les cas dits
de monstruosité, comme dans le fait du rapprochement des deux moitiés, qui constituent
primitivement notre corps à l'état normal.

V.

Tous les êtres sont régis d'après les mêmes
lois.

VI.

Le système naturel des choses peut se réduire
à ces mots : *unité* de principe , *unité* de composition organique. Variétés incalculables dans la
forme , la manifestation des individualités ne
dépendant que d'un *plus* ou d'un *moins* dans la

somme des éléments composants; ces derniers restant toujours soumis à l'unité invariable de composition, à l'unité nécessaire d'organisation.

VII.

Les causes qui déterminent les variétés sont: le *temps* et *l'espace*, c'est-à-dire la durée des choses, la distance de leur point d'origine à celui de leur phénoménalité apparente, et, en second lieu, l'état des milieux ambiants dans lesquels un corps se rencontre accidentellement ou constamment.

VIII.

Le principe d'unité de composition organique si ingénieusement démontré, n'est plus maintenant un principe isolé sans analogues; c'est la conséquence directe d'une loi première, bien plus générale et dont il dépend, loi d'attraction de soi pour soi, par laquelle, dès que deux molécules de nature similaire sont affrontées, il y a nécessité qu'elles s'attirent, se confondent et

donnent naissance à un être spécial bien déterminé.

IX.

La matière est par conséquent douée d'une
vive action, sous la réserve que les éléments
infinis, dans leur variété, s'apportent les uns au-
devant des autres.

X.

En définitive, la cause des faits phénomé-
naux de l'univers, c'est l'attraction conçue
d'après le principe de l'affinité de soi pour soi.

DERNIÈRE ANNOTATION.

Dans l'argumentation qui précède, nous venons de suivre une série d'opérations logiques de l'esprit, dont le caractère remarquable est d'avoir été conduite dans une voie parfaitement régulière comme déductions conséquentes. Or, ces allures de l'intelligence devaient effectivement aboutir à ces dévelopements lumineux pour la raison humaine. Car ce qui avait été d'abord conçu par l'esprit, puis aperçu et attentivement observé dans le *monde des détails,* parvenait ou était parvenu, par l'action lente du temps, incessante et ardente dans ses pénétrations, à ce résultat rendu nécessaire par le caractère éminemment progressif de l'humanité, à ce terme enfin de toutes ces déductions concernant les choses. Et voyez ce qu'en a déja pensé la Philosophie jugeant de haut. Avant d'être en mesure d'en donner un compte tout-à-fait net et précis, elle avait trouvé les moyens d'exprimer la généralité de ses pensées en faisant usage de cet adage : *natura semper sibi consona.*

Ainsi ce seront les naturalistes de tous les âges comme de toutes les classes, qui s'étant placés les observateurs attentifs de la grandeur et de la magnificence des divers tableaux de l'univers, se seront élevés l'invention de ces grandes théories; qui sur des données plus ou moins certaines auront rendu ces jugements, recueillant en leur faveur le caractère d'un *consensus omnium.*

Mais voilà une autre expression de la question résolue, dont il devient plus difficile de suivre l'enchaînement de causes à effets, et dont je ne suis que plus désireux d'apprécier l'autorité. Ce sont les mêmes vues que je vois retracées, et les mêmes pensées que je lis affirmées dans des études du monde moral et politique. Je trouve ce qui suit transcrit textuellement, et je l'emprunte à des écrits pleins de fougue et de sentiments révolutionnaires.

Or, méditez ce passage :

Il existe, dit-on, dans la nature UN PRINCIPE D'UNION *entre toutes les choses semblables, qui les attire les unes vers les autres : qui se ressemble s'assemble.*

Si telle est l'essence des choses dans la création et la conduite des éléments de l'univers, (et cette croyance est devenue la mienne comme formant la définitive conclusion de mes longs et pénibles travaux); si la matière agglomérée n'existe ainsi que sous l'obligation absolue de se conduire selon certaines raisons *d'affrontaille*, et d'arriver, elle sur elle sa semblable; si sous la même nécessité d'arrangement, c'est un fait à énoncer, mais non à expliquer, que des molécules métalliques, par exemple, quand, saisies par le feu, elles ont été désassemblées et disjointes, n'attendent pour se reprendre que la soustration du calorique qui les enveloppaient, parce qu'elles s'attirent réciproquement, et s'aggrègent de manière à entrer dans le degré de ténacité propre à chaque métal; et en définitive, si, c'est là le dernier mot des choses, qui aurait révélé cette grande loi de la nature à l'écrivain *Vilate*, dans le livre duquel j'ai extrait la proposition citée plus haut?

Cet écrivain politique, c'était un jeune, honnête et ardent séide, nourri des lectures de la philosophie du XVIIIᵉ siècle, vertueusement animé des sentiments d'une philantropie qui l'émouvait profondément, mais dont il ne savait point assez réprimer les excès.

Livré à des pensées de dévoument à la Curtius, il quitte un bourg du département de la Creuse sa ville natale, étant âgé de vingt-cinq ans; et ses lettres de recommandation l'amenèrent à Paris à la société des Jacobins. Là il est accueilli par de prétendus amis, qui en ont apprécié le caractère, et qui l'emploieront comme juré au tribunal révolutionnaire. S'il s'exalte quelquefois et cède, le plus souvent aussi il résiste et annonce l'intention d'agir dans les sentiments d'une philantropie vraie et éclairée. On se lasse enfin de cet homme aux hésitations vertueuses, et on le punit de ses tergiversations, en le faisant enfermer à la Force, où heureusement pour lui ses anciens amis l'oublient entièrement.

C'est dans cette prison, où Vilate écrit pour sa justification personnelle, qu'il trace le passage ci-dessus énoncé. Son Mémoire est intitulé : *Causes secrètes de la révolution du 9 au 10 thermidor*. Il fut repris plus tard et inséré dans une collection d'écrits relatifs à la révolution française (in-8°. Paris, Baudouin frères éditeurs, 1825).

℃ C'est dans le premier volume de cette collection, page 296, qu'est ce passage. Il m'a donné beaucoup à penser; l'idée est nettement exprimée, et l'auteur cherche en outre à la développer, en ajoutant *mimus mimum fricat :* allusion à des souvenirs plus anciens.

Il est évident que l'auteur n'entendait citer là qu'une sentence proverbiale, et n'agissait que sur la foi que les proverbes sont censés le fruit du savoir et de la sagesse des nations. Ces trésors de l'expérience des âges, se transmettent de siècle en siècle, long-temps après que l'on a perdu les traces des documents qui les avaient fait concevoir et admettre.

De temps en temps les mêmes idées revien-
nent à la pensée, et d'heureuses explications et
justifications des anciens motifs éclatent enfin.

Sommes-nous dans ce cas par nos derniers
progrès ?

Voyez, par exemple, ce qui se passe dans
la monstruosité double, où chaque fois que
les membranes de l'œuf subissent accidentellement un déchirement, et forment un événement à apporter au contact et à l'*affrontaille* des
parties réciproquement similaires, elles sont
tenues à se souder. Elles agissent les unes à l'é-
gard des autres, comme les molécules métalliques quand elles quittent leur situation de métal fondu.

Mes idées à cet égard sont devenues familières, et sont adoptées dans les usages sociaux.
Tous les grands chirurgiens de l'époque qui y
ont réfléchi, M. Lisfranc, M. Jobert, M. Mar-
tin Saint-Ange, entre autres, en ont fait la base
de leurs récentes inventions et de leur pratique usuelle.

Mais revenir sur ces vérités, ce serait reprendre le récit de mes ouvrages, et surtout manquer, par une vanterie qui répugne à mes mœurs, au caractère de simplicité et d'utilité dont j'ai voulu frapper mes recherches.

Je voulais, avant les évéuements qui me frappent, recommencer ma vie d'investigateur, en ce qui concerne une matière dont je m'étais long-temps et profondément occupé, l'organisation des crocodiles; j'ai commencé, mais pour ne pas poursuivre. Les obstacles se multiplient et me sont suscités par des pouvoirs usurpés parmi nous et devenus tyranniques. On refuse mes dessins dont une caisse instituée *ad hoc*, ne soldera pas la dépense. Pourquoi? que sais-je?

Et cependant quel magnifique avenir résidait dans mes *à priori,* au sujet des recherches à entreprendre sur les crocodiles! Si ce n'était mon fils, Isidore, dans la profonde instruction duquel j'ai confiance, on se trouverait privé, sur un senti-

ment d'humeur et de caprice, d'un savoir aujourd'hui bien nécessaire en zoologie et paléon-
tologie.

TABLE DES MATIÈRES.

www.ingramcontent.com/pod-product-compliance
Lightning Source LLC
Chambersburg PA
CBHW081257110426
42743CB00045B/3203